COMMERCE DE DÉTAIL :
GESTION ET TENDANCES

JoAnne Labrecque

JFD
Éditions

Commerce de détail : gestion et tendances
JoAnne Labrecque
© 2012 Les Éditions JFD inc.

Catalogage avant publication de Bibliothèque et Archives nationales du Québec et
Bibliothèque et Archives Canada

Labrecque, JoAnne

    Commerce de détail : gestion et tendances

    Comprend des réf. bibliogr.

    ISBN 978-2-923710-25-9
    1. Commerce de détail – Gestion. 2.Marketing. I. Titre.
HF5429.L32 2012b   658.8'7   C2012-940942-1

Les Éditions JFD
CP 15 Succ. Rosemont
Montréal, (Qc)
H1X 3B6
Téléphone : 514-999-4483
Courriel : info@editionsjfd.com
www.editionsjfd.com

ISBN : 978-2-923710-25-9
Dépôt légal : 2e trimestre 2012
Bibliothèque et Archives nationales du Québec
Bibliothèque et Archives Canada

Œuvre de la couverture : *Accent*
Infographie et graphisme : Adrien Rowen
Correction : Béatrice Rea

Imprimé au Québec

ISBN : 978-2-923710-25-9

*Je dédie ce livre à tous les commerçants du Québec
qui ont su innover et être à l'écoute de leurs clientèles.*

COLLABORATEURS

Julie Assal, M. Sc., Gestionnaire de catégorie, *Boulangerie Première Moisson*

Jean-Claude Dufour, Professeur titulaire, *Faculté des sciences de l'agriculture et de l'alimentation, Université Laval*

Louis Fabien, Professeur agrégé, *HEC Montréal*

Jean-François Grenier, Directeur sénior, *Groupe Altus Recherche Marketing*

Hans Laroche, Coprésident, *Les Évadés*

Philippe Lefèvre, Associé principal, *Le Réseau GARP*

Remerciements

En vingt ans d'enseignement et de collaboration avec les détaillants et les commerçants du Québec, j'ai eu la chance de saisir toute la complexité de la gestion d'une entreprise de détail. J'ai admiré le dynamisme et la passion des hommes et des femmes qui œuvrent au sein de ce secteur. L'occasion m'est donnée ici de leur adresser mes plus chaleureux remerciements pour toutes les occasions où j'ai pu interagir avec eux et enrichir mon expertise. Je remercie plus particulièrement les gestionnaires de *La Cordée*, de *DeSerres* et de la *Société des Alcools du Québec* qui ont accepté que cet ouvrage publie un contenu issu de leurs propres stratégies. Je ne pourrais passer sous silence l'aide essentielle de Madame Julie Assal qui a suivi toutes les étapes de réalisation de cet ouvrage, les étudiants qui ont travaillé avec moi sur des thèmes reliés au commerce de détail ainsi que mes collaborateurs des milieux universitaire, de la recherche et des communications. Leurs conseils avisés et leurs critiques constructives ont contribué à la qualité du contenu de cet ouvrage.

JoAnne Labrecque, MBA, Ph.D.

TABLE DES MATIÈRES

MODULE 7
LA LOCALISATION

MODULE 8
COMMUNICATION ET SERVICE À LA CLIENTÈLE

MODULE 9
LE PRIX

MODULE 1

LE CONTEXTE
ET L'INDUSTRIE

Pour s'initier au commerce de détail, une première étape consiste à connaître les éléments qui définissent la structure et les caractéristiques générales du secteur. Le premier module décrit ces aspects.

LE CONTEXTE ET L'INDUSTRIE

OBJECTIFS DU MODULE

- Faire la distinction entre le commerce de gros et le commerce de détail.

- Comprendre le rôle du détaillant.

- Connaître les grandes caractéristiques du contexte d'affaires et du secteur d'activité.

- Identifier les principaux défis que posent le contexte d'affaires et le secteur d'activité.

CONNAISSANCES

- Les commerces

- Le contexte d'affaires

- Les consommateurs et leurs attentes

- La dynamique de l'industrie

- La concurrence

SECTION 1.1
LE COMMERCE DE DÉTAIL

LE COMMERCE DE GROS
ET LE COMMERCE DE DÉTAIL

Le commerce de gros regroupe les organisations qui vendent des produits à des intermédiaires, tels les détaillants, les industriels, les professionnels et les institutions, soit pour la revente ou pour l'utilisation à l'interne. Quant au commerce de détail, il englobe l'ensemble des commerces qui effectuent la majeure partie de leurs transactions auprès des consommateurs.

Les commerces		Les motifs transactionnels
Commerce de gros		▪ Revente ▪ Facteur de production
Commerce de détail		▪ Consommation personnelle

LES PRODUITS

Le commerce de détail ne se limite pas qu'à la vente de produits tangibles (produits alimentaires, vêtements, quincaillerie). De plus en plus de détaillants proposent des services élargis pour répondre aux besoins des consommateurs, tels des aires de restauration, des services bancaires ou des services de livraison et d'installation.

Les produits		
Les produits tangibles	Les biens	
Les produits intangibles	Les services	

LE RÔLE
DU DÉTAILLANT

Le rôle du détaillant est de faciliter l'échange de biens et de services dans le marché. Dans la relation d'échange qui unit le détaillant au consommateur, chacune des parties vise à atteindre ses objectifs.

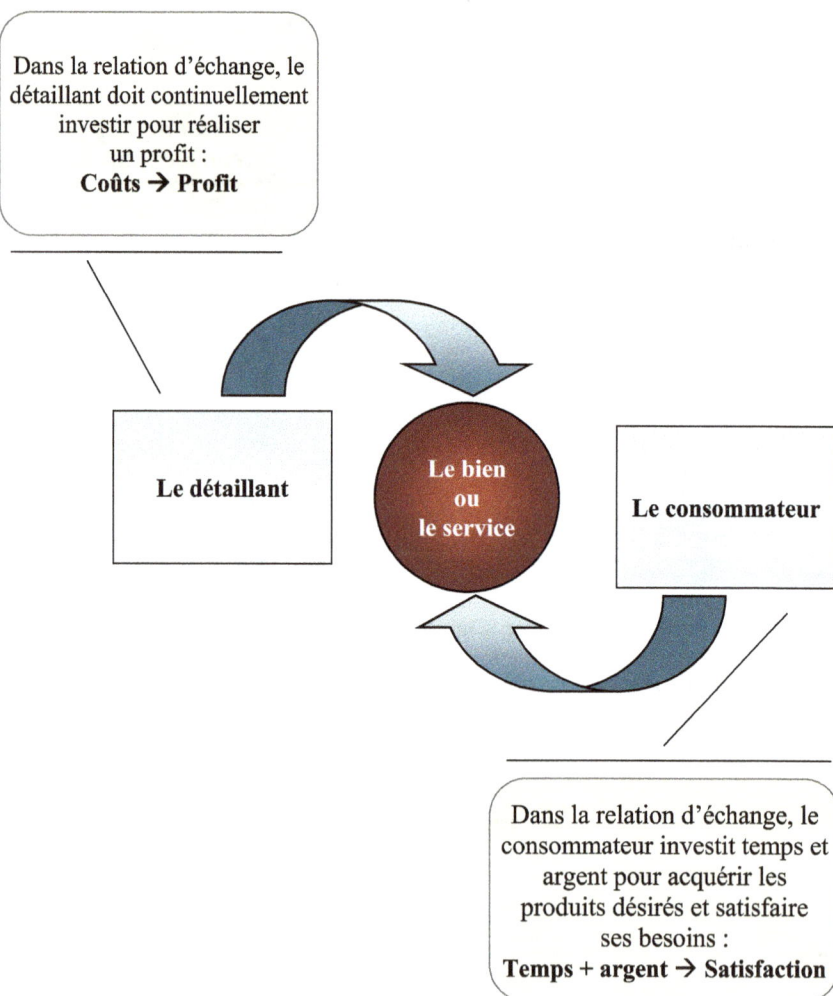

Dans la relation d'échange, le détaillant doit continuellement investir pour réaliser un profit :
Coûts → Profit

Le détaillant

Le bien ou le service

Le consommateur

Dans la relation d'échange, le consommateur investit temps et argent pour acquérir les produits désirés et satisfaire ses besoins :
Temps + argent → Satisfaction

**LES CANAUX
DE DISTRIBUTION**

La structure des circuits de distribution varie selon les contextes et peut englober différents niveaux d'intermédiaires.

Le circuit direct

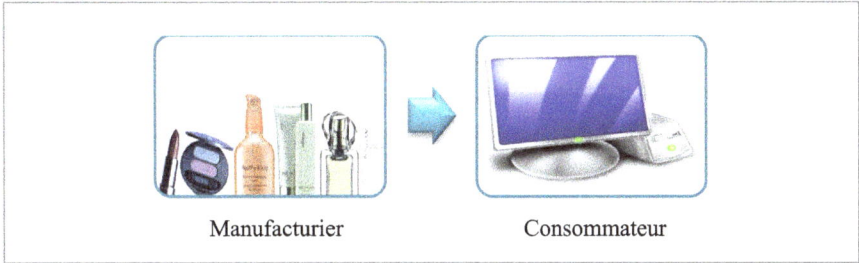

| Manufacturier | Consommateur |

Le circuit court

| Manufacturier | Détaillant | Consommateur |

Le circuit long

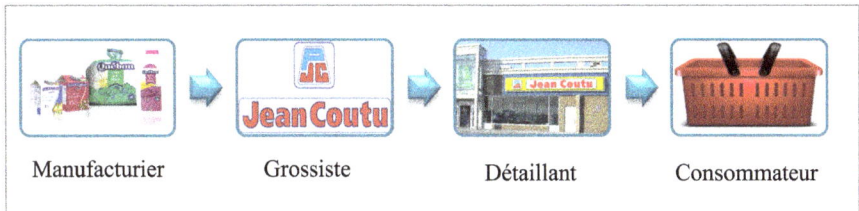

| Manufacturier | Grossiste | Détaillant | Consommateur |

LE SYSTÈME
DE DISTRIBUTION

Le système de distribution comprend différents acteurs dont l'ensemble des activités concourt à présenter une offre commerciale distincte à des clients cibles. Les intermédiaires sont le lien entre les producteurs et les consommateurs. La plupart du temps, des ententes contractuelles précisent les activités, les processus opérationnels et les responsabilités de chaque membre du système de distribution. Les liens formels entre les différents intervenants permettent de rendre le système de distribution plus efficace et de le distinguer par rapport aux autres concurrents.

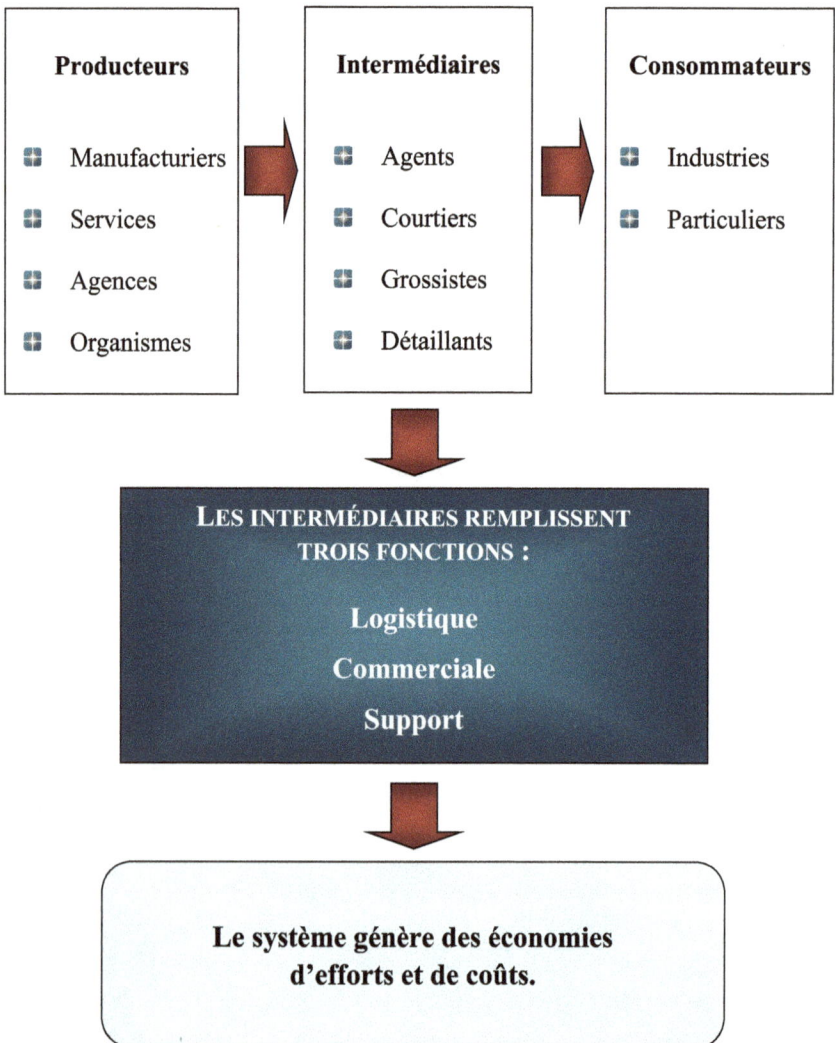

Producteurs
- Manufacturiers
- Services
- Agences
- Organismes

Intermédiaires
- Agents
- Courtiers
- Grossistes
- Détaillants

Consommateurs
- Industries
- Particuliers

LES INTERMÉDIAIRES REMPLISSENT TROIS FONCTIONS :

Logistique

Commerciale

Support

Le système génère des économies d'efforts et de coûts.

LES SYSTÈMES DE MARKETING
VERTICAUX CONTRACTUELS

Il existe différentes formes contractuelles qui lient les intervenants d'un système de distribution.

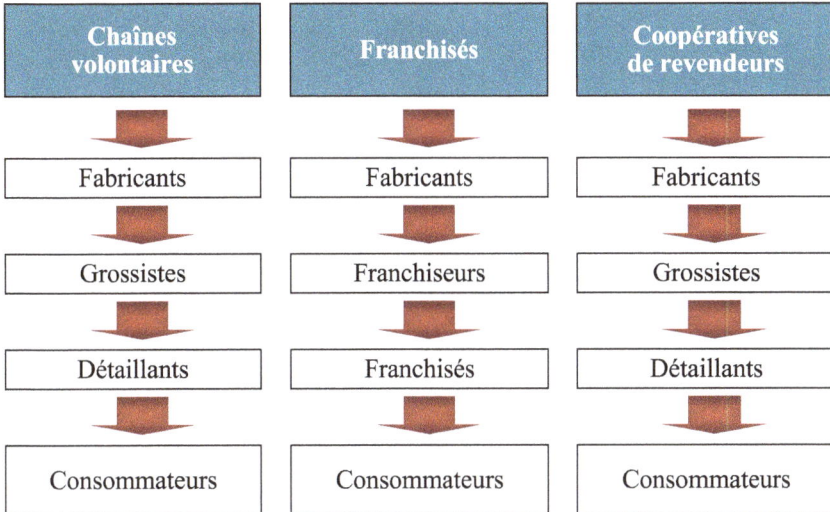

Chaînes volontaires	Franchisés	Coopératives de revendeurs
Fabricants	Fabricants	Fabricants
Grossistes	Franchiseurs	Grossistes
Détaillants	Franchisés	Détaillants
Consommateurs	Consommateurs	Consommateurs

LES FONCTIONS
DES INTERMÉDIAIRES

LOGISTIQUE
- Gestion de l'inventaire
- Gestion des commandes
- Entreposage
- Transport

COMMERCIALE
- Achat de produits
- Négociation
- Promotion
- Contact

SUPPORT
- Standardisation
- Prise de risque
- Financement
- Information

SECTION 1.2
LES COMMERCES

Grande variation de l'offre commerciale selon les commerces.

→

Besoin de regrouper les magasins en catégories ou en classes distinctes afin de comparer les performances.

LE SCIAN

- Système nord-américain de classification des industries.

- Élaboré par les organismes statistiques du Canada, du Mexique et des États-Unis, afin de faciliter la collecte, la totalisation, l'analyse et la diffusion des statistiques industrielles, ainsi que d'assurer l'uniformité et la comparabilité de ces données dans les trois pays.

- Système de classification type des industries utilisé par Statistique Canada.

- Permet des comparaisons internationales de la performance des secteurs de détail pour le Canada, les États-Unis et le Mexique.

- Existe depuis plusieurs décennies.

- Définit les limites de 20 secteurs, le commerce de détail étant un de ces secteurs.

- Fondé sur un cadre conceptuel axé sur la production ou l'offre.

- Les établissements sont regroupés en classes ou branches d'activités d'après la similarité des processus utilisés pour produire les biens et les services :
    o Composé d'un système hiérarchique à six chiffres ;
    o Les deux premiers chiffres indiquent le secteur ;
    o 20 secteurs au total.

Source : Statistique Canada, http://www.statcan.gc.ca/concepts/consult-naics-scian-fra.htm

---

**CLASSEMENT SCIAN
POUR L'INDUSTRIE DU COMMERCE DE DÉTAIL NORD-AMÉRICAIN**

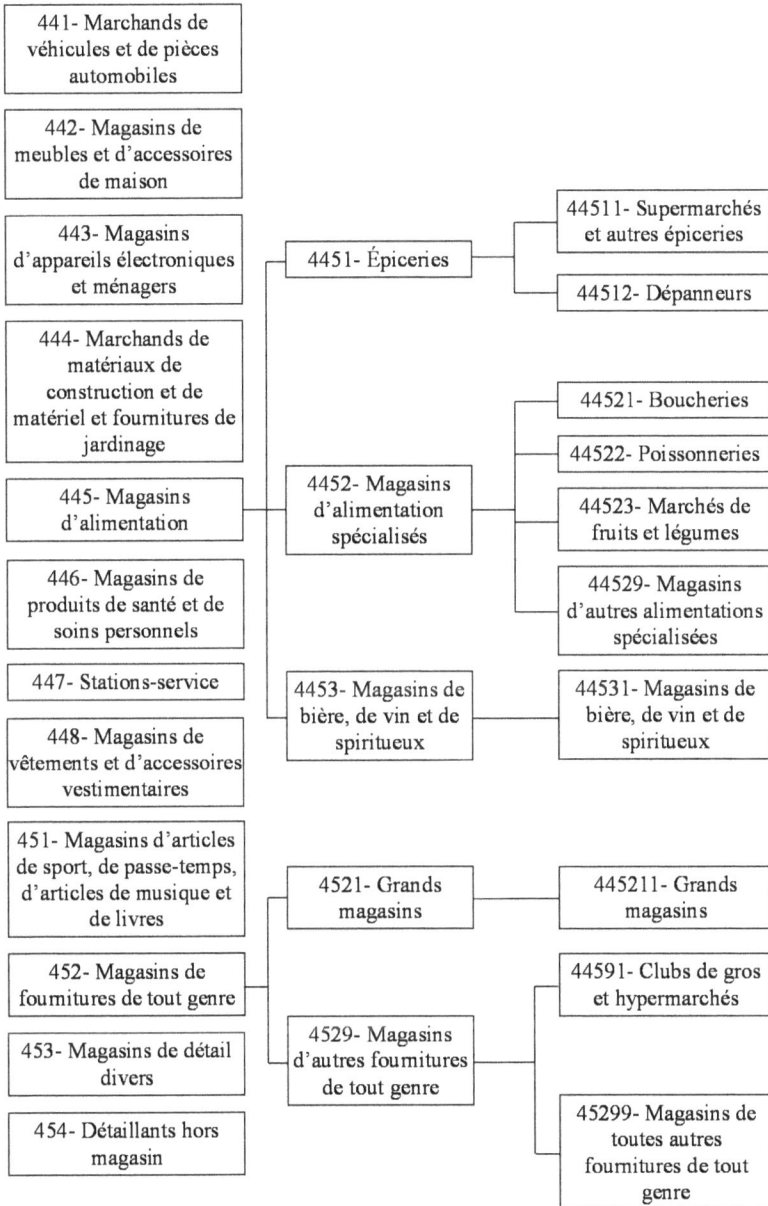

441- Marchands de véhicules et de pièces automobiles

442- Magasins de meubles et d'accessoires de maison

443- Magasins d'appareils électroniques et ménagers

4451- Épiceries
- 44511- Supermarchés et autres épiceries
- 44512- Dépanneurs

444- Marchands de matériaux de construction et de matériel et fournitures de jardinage

445- Magasins d'alimentation

446- Magasins de produits de santé et de soins personnels

4452- Magasins d'alimentation spécialisés
- 44521- Boucheries
- 44522- Poissonneries
- 44523- Marchés de fruits et légumes
- 44529- Magasins d'autres alimentations spécialisées

447- Stations-service

448- Magasins de vêtements et d'accessoires vestimentaires

4453- Magasins de bière, de vin et de spiritueux
- 44531- Magasins de bière, de vin et de spiritueux

451- Magasins d'articles de sport, de passe-temps, d'articles de musique et de livres

4521- Grands magasins
- 445211- Grands magasins

452- Magasins de fournitures de tout genre

453- Magasins de détail divers

4529- Magasins d'autres fournitures de tout genre
- 44591- Clubs de gros et hypermarchés
- 45299- Magasins de toutes autres fournitures de tout genre

454- Détaillants hors magasin

Source : Statistique Canada, Système de classification des industries de l'Amérique du Nord (SCIAN) – Canada, N° 12-501-X1F au catalogue, statcan.gc.ca, mars 2012

LES TYPES DE MAGASINS

De nouveaux types de magasins se sont implantés sur le marché au cours des dernières décennies :

- Grande surface spécialisée ;
- Club entrepôt ;
- Magasin de manufacturier (*Factory outlet*) ;
- Mégacentre (*Power center*) ;
- Supercentre – Hypermarché ;
- Centre *Lifestyle*.

La grande surface	- Superficie largement supérieure aux standards pour le type d'établissement. - Bas prix et/ou excellent rapport qualité-prix. - Rotation rapide de la marchandise. - Liens étroits avec les fournisseurs. - Design du magasin : souvent de type entrepôt avec l'entreposage à la verticale. - Vastes aires de stationnement. - Vastes aires de marché.
Le mégacentre (*Power center*)	- Regroupement de magasins à grande surface. - Grands magasins à escompte.
Le supercentre-L'hypermarché	- Grand magasin à escompte qui vend également une gamme complète de produits alimentaires.
Le centre *Lifestyle*	- Structure architecturale ouverte. - 150 000 à 500 000 pieds carrés. - Sans locomotive. - Architecture de classe supérieure. - Facilité de stationnement. - Axé sur les biens mode, les loisirs et les articles de maison.

Source : Groupe Altus Recherche Marketing

ÉVOLUTION DU SYSTÈME DE COMMERCE DE DÉTAIL

L'offre du secteur commercial évolue dans le temps. Diverses approches expliquent l'évolution des concepts commerciaux.

THÉORIE SUR L'ÉVOLUTION DES CONCEPTS COMMERCIAUX	
Roue du commerce de détail	▪ Permet de comprendre la dynamique concurrentielle. ▪ Nouveaux concepts qui font leur entrée sur le marché : faibles coûts, faibles marges. ▪ À moyen terme, les ajouts de service contribuent à augmenter les marges.
Cycle de vie	▪ Concept similaire au cycle de vie d'un produit. ▪ 4 phases : innovation – développement – maturité – déclin.
Processus dialectique	▪ Thèse – antithèse et synthèse. ▪ En s'adaptant aux changements, les entreprises créent de nouveaux concepts. ▪ Thèse : grand magasin traditionnel (*Sears*) – Antithèse : les premiers escompteurs et la synthèse : grand magasin escompte (*Target*).

L'ÉVOLUTION DU SYSTÈME DE COMMERCE DE DÉTAIL URBAIN CANADIEN

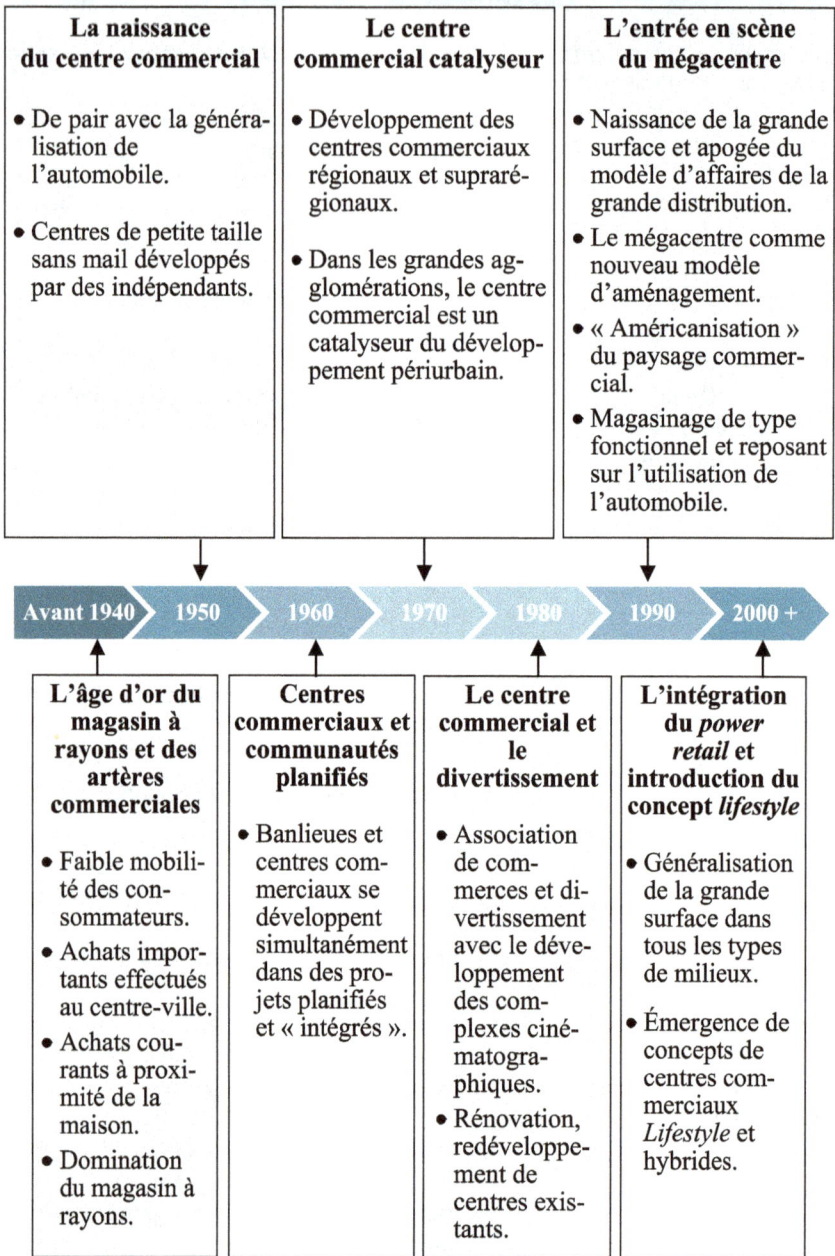

La naissance du centre commercial

- De pair avec la généralisation de l'automobile.

- Centres de petite taille sans mail développés par des indépendants.

Le centre commercial catalyseur

- Développement des centres commerciaux régionaux et suprarégionaux.

- Dans les grandes agglomérations, le centre commercial est un catalyseur du développement périurbain.

L'entrée en scène du mégacentre

- Naissance de la grande surface et apogée du modèle d'affaires de la grande distribution.
- Le mégacentre comme nouveau modèle d'aménagement.
- « Américanisation » du paysage commercial.
- Magasinage de type fonctionnel et reposant sur l'utilisation de l'automobile.

| Avant 1940 | 1950 | 1960 | 1970 | 1980 | 1990 | 2000 + |

L'âge d'or du magasin à rayons et des artères commerciales

- Faible mobilité des consommateurs.
- Achats importants effectués au centre-ville.
- Achats courants à proximité de la maison.
- Domination du magasin à rayons.

Centres commerciaux et communautés planifiés

- Banlieues et centres commerciaux se développent simultanément dans des projets planifiés et « intégrés ».

Le centre commercial et le divertissement

- Association de commerces et divertissement avec le développement des complexes cinématographiques.
- Rénovation, redéveloppement de centres existants.

L'intégration du *power retail* et introduction du concept *lifestyle*

- Généralisation de la grande surface dans tous les types de milieux.
- Émergence de concepts de centres commerciaux *Lifestyle* et hybrides.

Source : Groupe Altus Recherche Marketing

SECTION 1.3
L'INDUSTRIE

Caractéristiques du secteur

Ventes	▪ Industrie en maturité. ▪ Saisonnalité des ventes. ▪ Faible taux annuel de croissance des ventes.
Emploi	▪ Forte proportion des employés à temps partiel. ▪ Taux de rotation des employés élevé.
Concentration des marchés	▪ Rationalisation des coûts. ▪ Économie d'échelle et volume de vente. ▪ Marché oligopolistique.
Répartition des ventes par secteur	▪ Variation des ventes selon le sous-secteur de détail. ▪ Nouvelle répartition des parts de marché entre les types de magasins. ▪ Augmentation de la superficie moyenne de vente. ▪ Intensification de la concurrence intertype et intratype.

UN SECTEUR À MATURITÉ

TAUX DE CROISSANCE ANNUEL DES VENTES

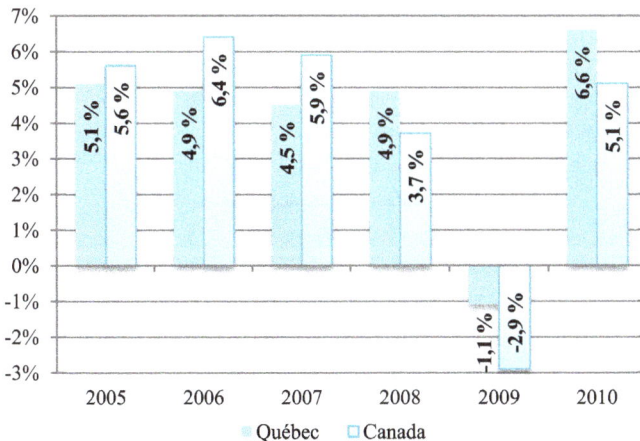

	Québec	Canada
2005	5,1 %	5,6 %
2006	4,9 %	6,4 %
2007	4,5 %	5,9 %
2008	4,9 %	3,7 %
2009	-1,1 %	-2,9 %
2010	6,6 %	5,1 %

Source : Statistique Canada, CANSIM, tableau 080-0014 (estimation par Groupe Altus Recherche Marketing pour le mois de décembre 2010)

RÉPARTITION DES VENTES PAR SECTEUR AU QUÉBEC

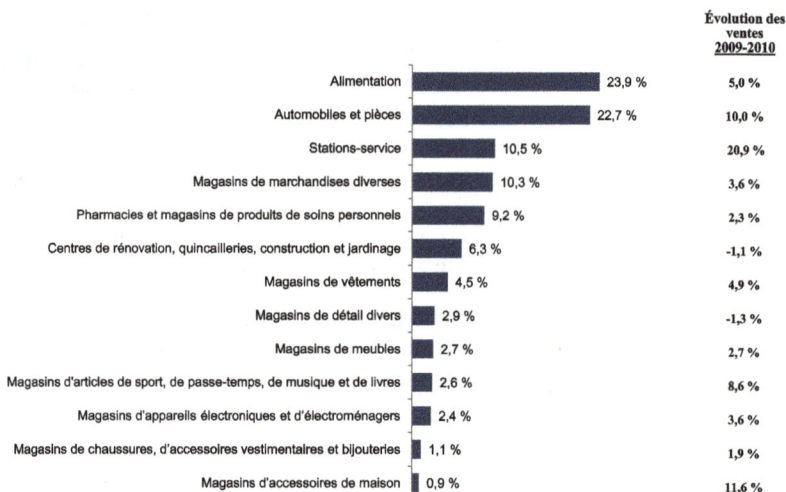

Secteur	Répartition	Évolution des ventes 2009-2010
Alimentation	23,9 %	5,0 %
Automobiles et pièces	22,7 %	10,0 %
Stations-service	10,5 %	20,9 %
Magasins de marchandises diverses	10,3 %	3,6 %
Pharmacies et magasins de produits de soins personnels	9,2 %	2,3 %
Centres de rénovation, quincailleries, construction et jardinage	6,3 %	-1,1 %
Magasins de vêtements	4,5 %	4,9 %
Magasins de détail divers	2,9 %	-1,3 %
Magasins de meubles	2,7 %	2,7 %
Magasins d'articles de sport, de passe-temps, de musique et de livres	2,6 %	8,6 %
Magasins d'appareils électroniques et d'électroménagers	2,4 %	3,6 %
Magasins de chaussures, d'accessoires vestimentaires et bijouteries	1,1 %	1,9 %
Magasins d'accessoires de maison	0,9 %	11,6 %

Source : Statistique Canada/Prévisions Groupe Altus Recherche Marketing, décembre 2010

RÉPARTITION DES VENTES PAR SECTEUR AU CANADA

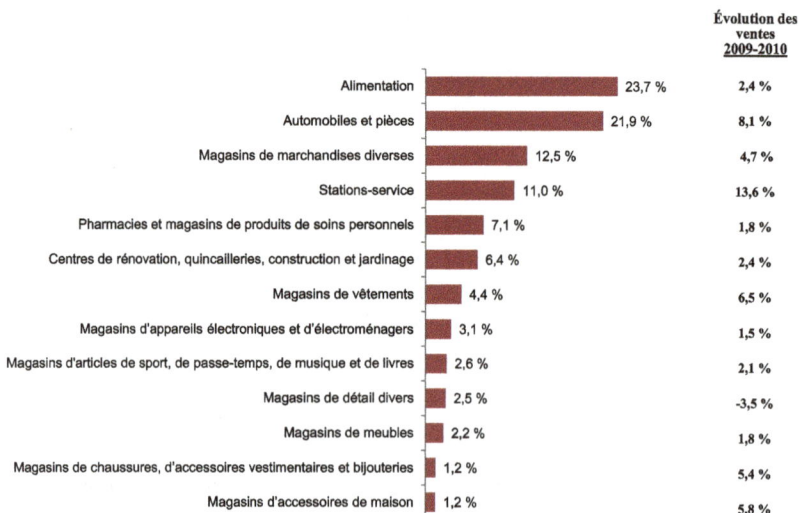

Secteur	Répartition	Évolution des ventes 2009-2010
Alimentation	23,7 %	2,4 %
Automobiles et pièces	21,9 %	8,1 %
Magasins de marchandises diverses	12,5 %	4,7 %
Stations-service	11,0 %	13,6 %
Pharmacies et magasins de produits de soins personnels	7,1 %	1,8 %
Centres de rénovation, quincailleries, construction et jardinage	6,4 %	2,4 %
Magasins de vêtements	4,4 %	6,5 %
Magasins d'appareils électroniques et d'électroménagers	3,1 %	1,5 %
Magasins d'articles de sport, de passe-temps, de musique et de livres	2,6 %	2,1 %
Magasins de détail divers	2,5 %	-3,5 %
Magasins de meubles	2,2 %	1,8 %
Magasins de chaussures, d'accessoires vestimentaires et bijouteries	1,2 %	5,4 %
Magasins d'accessoires de maison	1,2 %	5,8 %

Source : Statistique Canada/Prévisions Groupe Altus Recherche Marketing, décembre 2010

STATIONS-SERVICE

Fortement ébranlées par la récession de 2009, les stations-service ont renoué avec la croissance en 2010. Leurs ventes n'ont toutefois pas atteint celles observées en 2008. Le rétablissement de l'économie mondiale en 2010 a ravivé la demande pour le pétrole et a fait augmenter son prix.

ÉVOLUTION 2009-2010

Canada 13,6 %
Québec 20,9 %

VENTES DES MAGASINS AU QUÉBEC

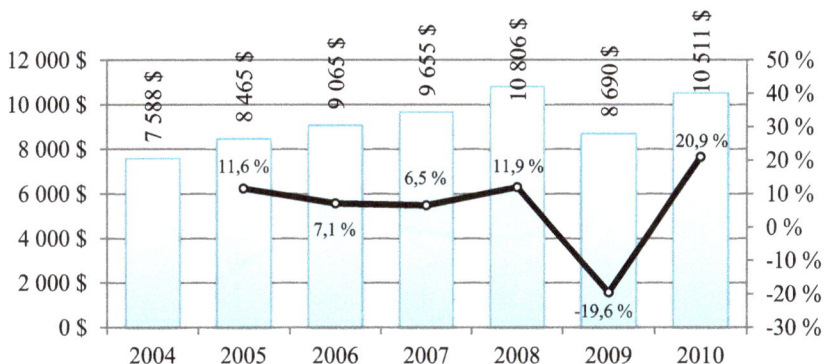

Source : Statistique Canada, CANSIM tableau 080-0014 (estimation Groupe Altus Recherche Marketing pour décembre 2010)

IPC – QUÉBEC (2002=100)

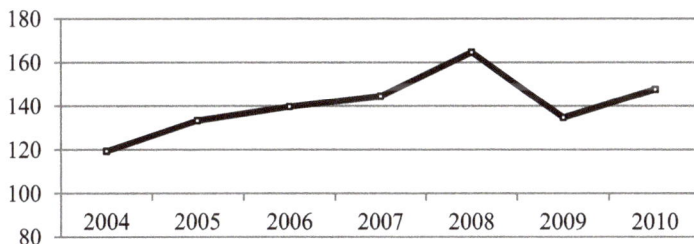

Source : Statistique Canada, CANSIM tableau 326-0020

AUTOMOBILES ET PIÈCES

Après le recul dû à la récession, le secteur de l'automobile a connu une forte croissance au cours de l'année 2010 et, de ce fait, a dépassé le niveau de 2008. Pour la première fois depuis 2006, l'indice des prix du secteur affichait une hausse.

ÉVOLUTION 2009-2010

Canada 8,1 %
Québec 10,0 %

VENTES DES MAGASINS AU QUÉBEC

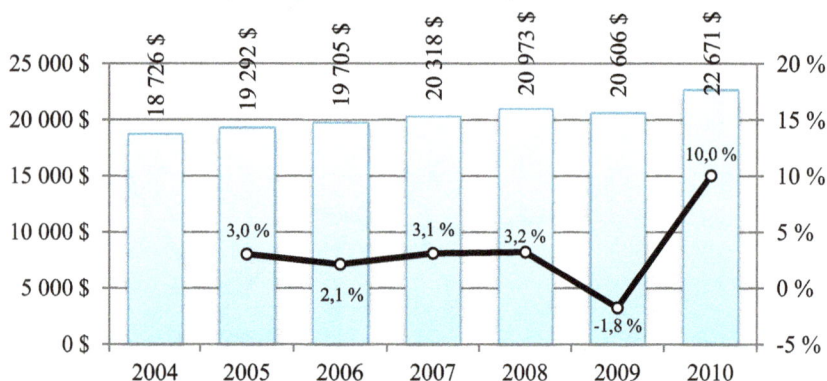

Année	Ventes	Variation
2004	18 726 $	
2005	19 292 $	3,0 %
2006	19 705 $	2,1 %
2007	20 318 $	3,1 %
2008	20 973 $	3,2 %
2009	20 606 $	-1,8 %
2010	22 671 $	10,0 %

Source : Statistique Canada, CANSIM tableau 080-0014 (estimation Groupe Altus Recherche Marketing pour décembre 2010)

IPC – QUÉBEC (2002=100)

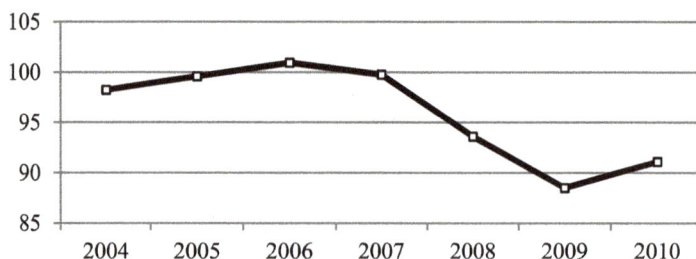

Source : Statistique Canada, CANSIM tableau 326-0020

16

MAGASINS D'ACCESSOIRES DE MAISON

Après avoir connu une décroissance (-1,0 %) en 2009, les ventes d'accessoires de maison ont connu une forte croissance en 2010. Ce secteur représente toute-fois une très faible proportion de l'ensemble du commerce de détail.

ÉVOLUTION 2009-2010

Canada 5,8 %

Québec 11,6 %

VENTES DES MAGASINS AU QUÉBEC

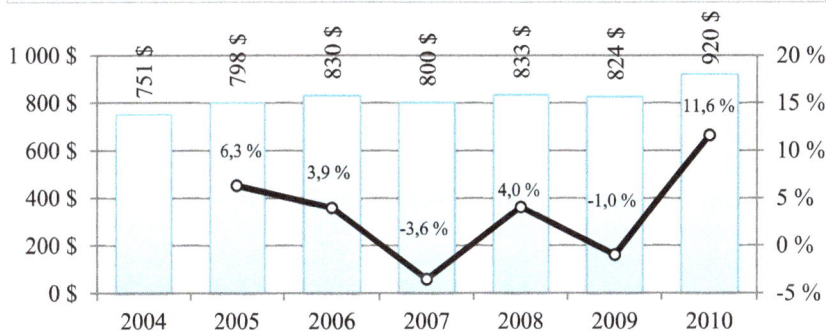

751 $	798 $	830 $	800 $	833 $	824 $	920 $

6,3 % — 3,9 % — -3,6 % — 4,0 % — -1,0 % — 11,6 %

2004 2005 2006 2007 2008 2009 2010

Source : Statistique Canada, CANSIM tableau 080-0014 (estimation Groupe Altus Recherche Marketing pour décembre 2010)

IPC – QUÉBEC (2002=100)

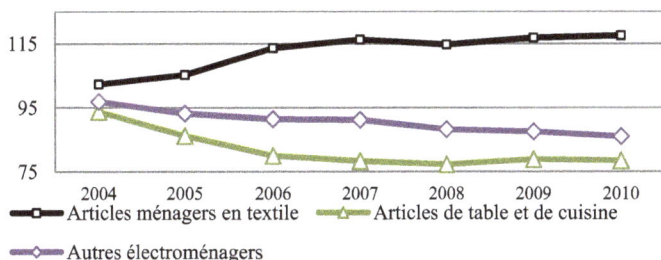

2004 2005 2006 2007 2008 2009 2010

Articles ménagers en textile   Articles de table et de cuisine

Autres électroménagers

Source : Statistique Canada, CANSIM tableau 326-0020

MAGASINS D'ARTICLES DE SPORT, DE PASSE-TEMPS, DE MUSIQUE ET DE LIVRES

Malgré un certain niveau de déflation qui a touché le prix des articles de musique et de sport, les ventes pour ces magasins ont connu une forte croissance au cours de l'année 2010.

ÉVOLUTION 2009-2010

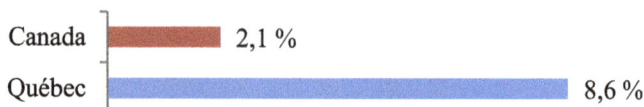

Canada 2,1 %

Québec 8,6 %

VENTES DES MAGASINS AU QUÉBEC

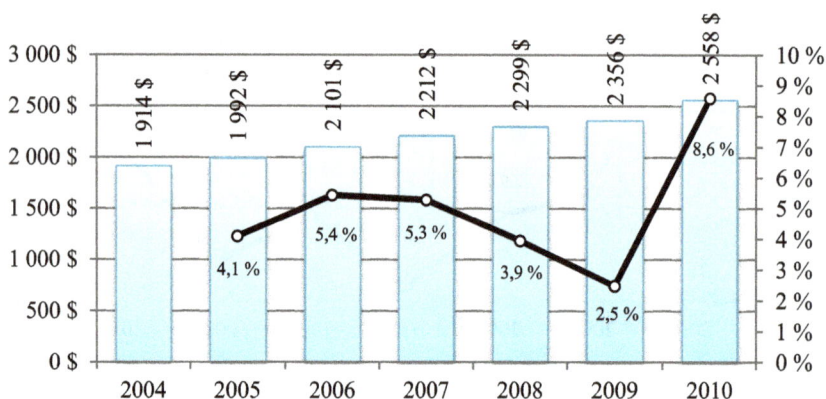

Source : Statistique Canada, CANSIM tableau 080-0014 (estimation Groupe Altus Recherche Marketing pour décembre 2010)

IPC – QUÉBEC (2002=100)

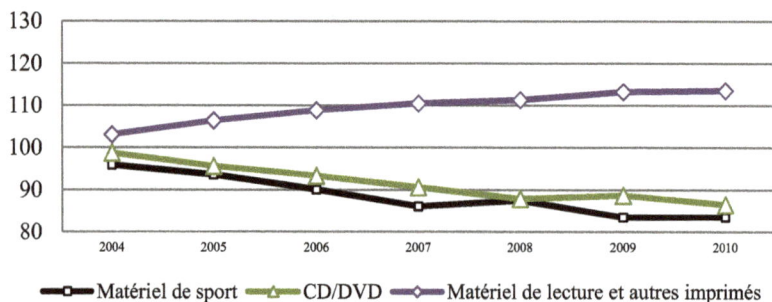

Matériel de sport — CD/DVD — Matériel de lecture et autres imprimés

Source : Statistique Canada, CANSIM tableau 326-0020

ALIMENTATION

Le secteur de l'alimentation a poursuivi sa lancée amorcée en 2008 et a connu une autre année de croissance. L'augmentation des prix de plusieurs produits alimentaires de base a fortement contribué à l'inflation, ce qui a eu une influence importante sur les ventes. L'introduction des *Walmart Supercentres* au Québec au cours des prochaines années pourrait cependant exercer une pression à la baisse sur les prix.

ÉVOLUTION 2009-2010

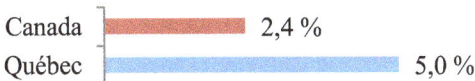

Canada   2,4 %
Québec   5,0 %

VENTES DES MAGASINS AU QUÉBEC

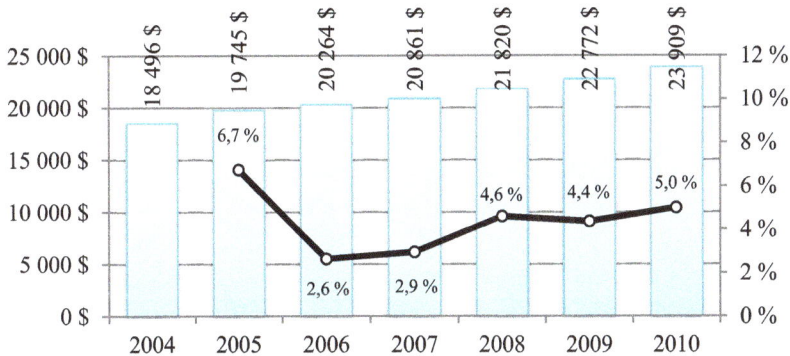

Année	Ventes	Croissance
2004	18 496 $	
2005	19 745 $	6,7 %
2006	20 264 $	2,6 %
2007	20 861 $	2,9 %
2008	21 820 $	4,6 %
2009	22 772 $	4,4 %
2010	23 909 $	5,0 %

Source : Statistique Canada, CANSIM tableau 080-0014 (estimation Groupe Altus Recherche Marketing pour décembre 2010)

IPC – QUÉBEC (2002=100)

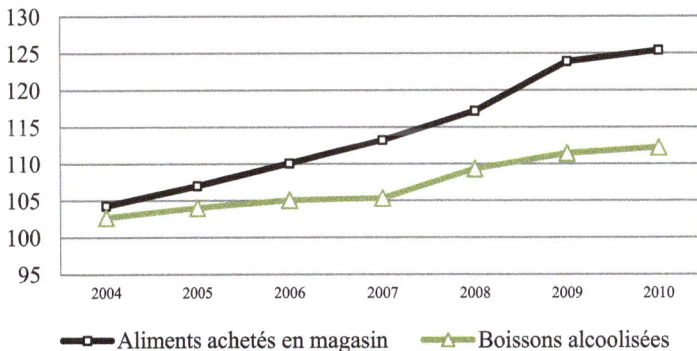

Aliments achetés en magasin   Boissons alcoolisées

Source : Statistique Canada, CANSIM tableau 326-0020

MAGASINS DE VÊTEMENTS

Les magasins de vêtements ont connu une bonne croissance en 2010, après avoir vu leurs ventes diminuer l'année précédente. Cette croissance s'est réalisée en dépit d'une déflation des prix continue depuis 2005, soit depuis que les quotas sur les importations de vêtements au Canada ont été levés. La récession de 2009 a accentué cette déflation depuis 2008.

ÉVOLUTION 2009-2010

Canada 6,5 %
Québec 4,9 %

VENTES DES MAGASINS AU QUÉBEC

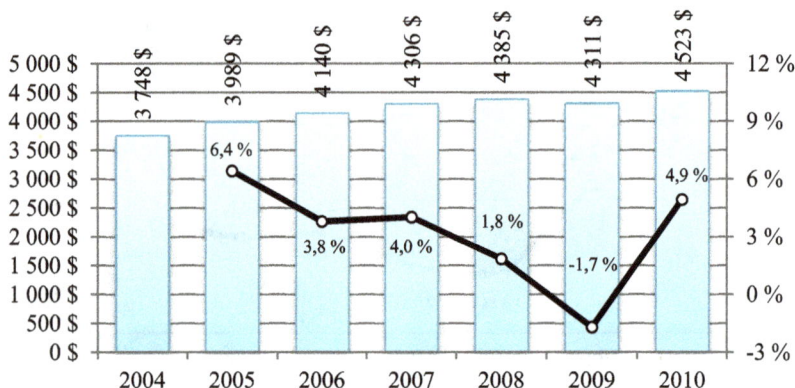

Source : Statistique Canada, CANSIM tableau 080-0014 (estimation Groupe Altus Recherche Marketing pour décembre 2010)

IPC – QUÉBEC (2002=100)

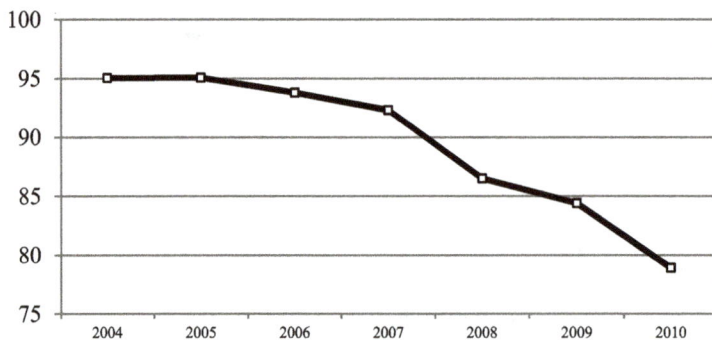

Source : Statistique Canada, CANSIM tableau 326-0020

MAGASINS D'APPAREILS ÉLECTRONIQUES ET D'ÉLECTROMÉNAGERS

Après avoir diminué significativement en 2009, les ventes des magasins d'appareils électroniques et d'électroménagers ont augmenté de 3,6 % en 2010. Malgré l'augmentation de 2010, les ventes n'ont toujours pas atteint leur niveau de 2008, mais suivent la tendance générale observée depuis 2004.

ÉVOLUTION 2009-2010

Canada   1,5 %
Québec   3,6 %

VENTES DES MAGASINS AU QUÉBEC

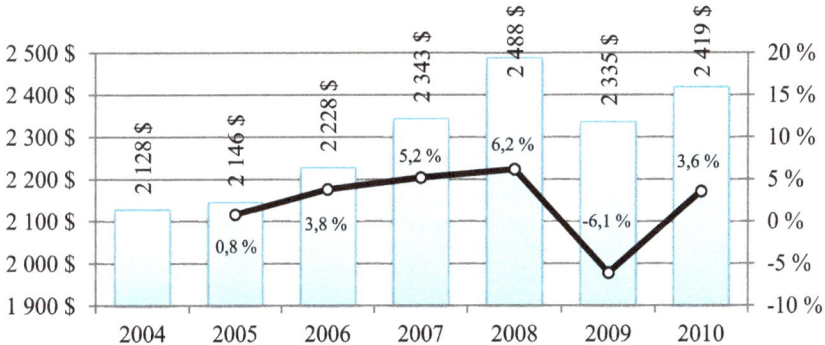

Source : Statistique Canada, CANSIM tableau 080-0014 (estimation Groupe Altus Recherche Marketing pour décembre 2010)

IPC – QUÉBEC (2002=100)

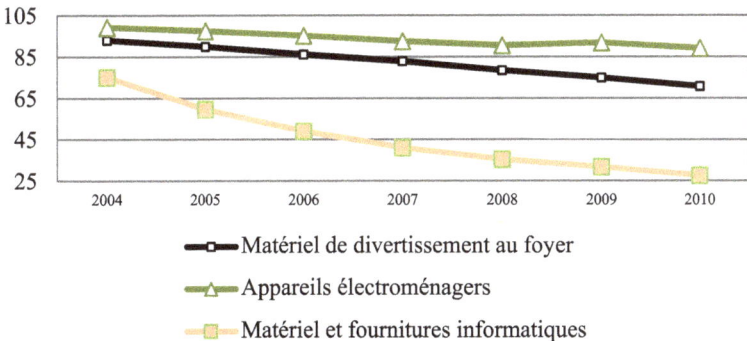

—□— Matériel de divertissement au foyer

—△— Appareils électroménagers

—□— Matériel et fournitures informatiques

Source : Statistique Canada, CANSIM tableau 326-0020

MAGASINS
DE MARCHANDISES DIVERSES

Les ventes des magasins de marchandises diverses ont progressé depuis 2006, et ce, malgré une déflation des prix en ce qui concerne les biens durables et semi-durables. L'implantation des magasins *Target* au cours des prochaines années pourrait provoquer des changements importants dans ce secteur.

ÉVOLUTION 2009-2010

Canada 4,7 %
Québec 3,6 %

VENTES DES MAGASINS AU QUÉBEC

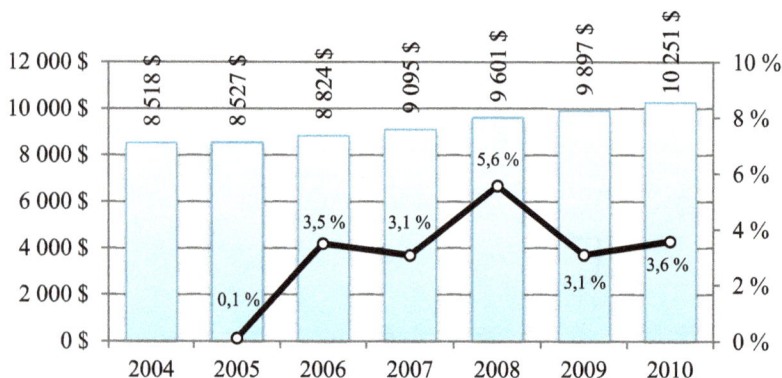

Source : Statistique Canada, CANSIM tableau 080-0014 (estimation Groupe Altus Recherche Marketing pour décembre 2010)

IPC – QUÉBEC (2002=100)

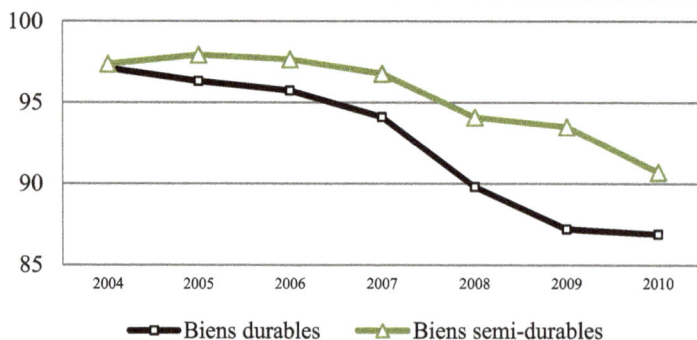

Biens durables   Biens semi-durables

Source : Statistique Canada, CANSIM tableau 326-0020

MAGASINS
DE MEUBLES

Après une décroissance en 2009, les ventes pour les magasins de meubles ont crû de 2,7 % en 2010, et ce, malgré la diminution de l'IPC pour les meubles et les électroménagers. Toutefois, les ventes n'ont pas rattrapé leurs niveaux de 2006, 2007 et 2008.

ÉVOLUTION 2009-2010

Canada 1,8 %
Québec 2,7 %

VENTES DES MAGASINS AU QUÉBEC

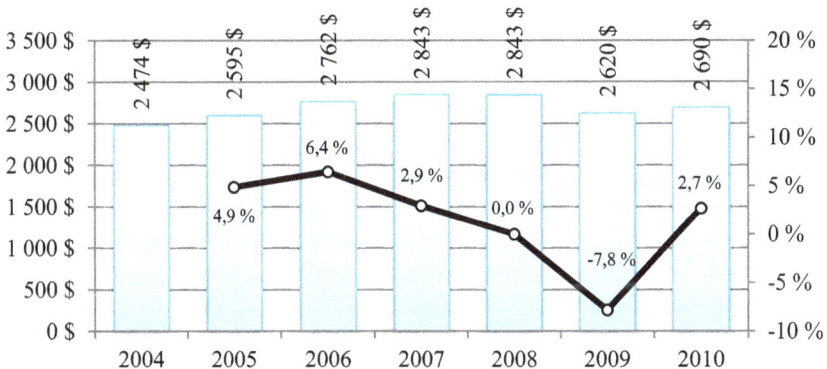

	2004	2005	2006	2007	2008	2009	2010
	2 474 $	2 595 $	2 762 $	2 843 $	2 843 $	2 620 $	2 690 $
		4,9 %	6,4 %	2,9 %	0,0 %	-7,8 %	2,7 %

Source : Statistique Canada, CANSIM tableau 080-0014 (estimation Groupe Altus Recherche Marketing pour décembre 2010)

IPC – QUÉBEC (2002=100)

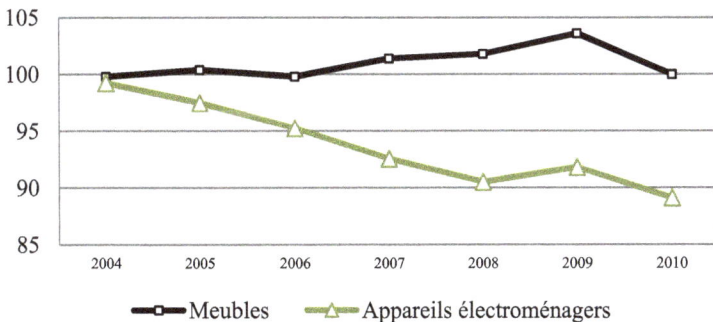

━□━ Meubles   ━△━ Appareils électroménagers

Source : Statistique Canada, CANSIM tableau 326-0020

PHARMACIES ET MAGASINS DE PRODUITS DE SOINS PERSONNELS

Après avoir enregistré une forte croissance en 2009 (5,5 %), ce secteur a connu en 2010 une croissance plus modeste (2,3 %) semblable à celle enregistrée en 2008. Le vieillissement de la population continuera fort probablement à faire augmenter les ventes de ce secteur dans les années à venir.

ÉVOLUTION 2009-2010

Canada 1,8 %
Québec 2,3 %

VENTES DES MAGASINS AU QUÉBEC

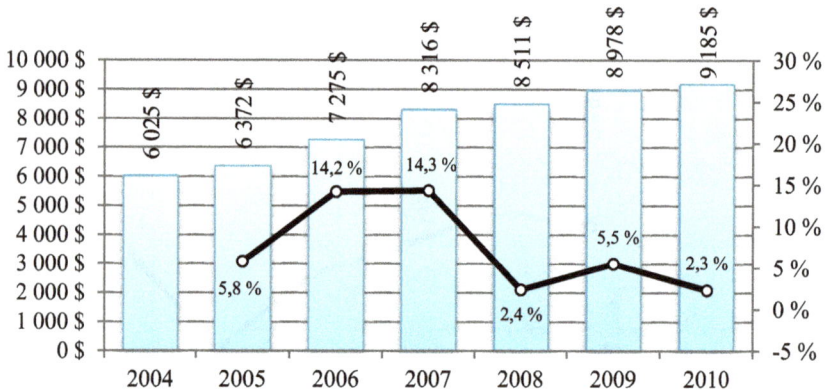

Source : Statistique Canada, CANSIM tableau 080-0014 (estimation Groupe Altus Recherche Marketing pour décembre 2010)

IPC – QUÉBEC (2002=100)

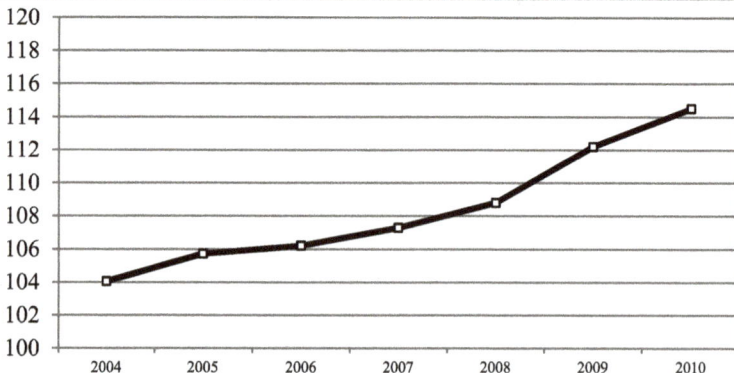

Source : Statistique Canada, CANSIM tableau 326-0020

MAGASINS DE CHAUSSURES, D'ACCESSOIRES VESTIMENTAIRES ET BIJOUTERIES

Les ventes de cette catégorie de commerces ont connu une augmentation de 1,9 % en 2010. Mentionnons que l'indice des prix à la consommation pour les chaussures est plutôt stable ou en légère décroissance depuis 2004, alors que celui des bijoux est en forte hausse (hausse du prix de l'or).

ÉVOLUTION 2009-2010

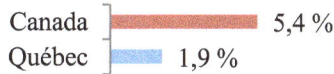

Canada 5,4 %
Québec 1,9 %

VENTES DES MAGASINS AU QUÉBEC

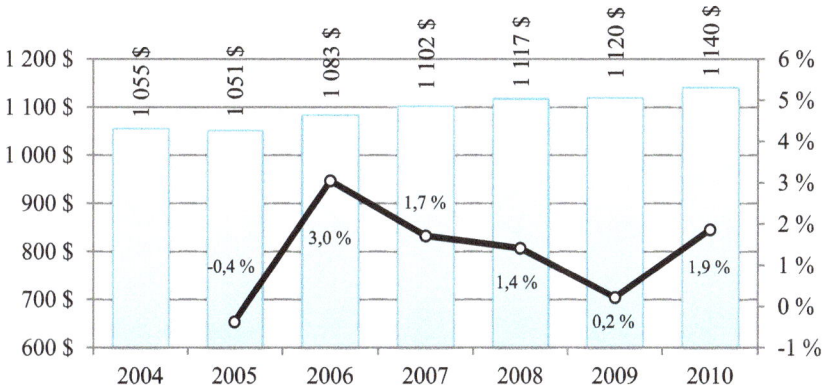

Source : Statistique Canada, CANSIM tableau 080-0014 (estimation Groupe Altus Recherche Marketing pour décembre 2010)

IPC – QUÉBEC (2002=100)

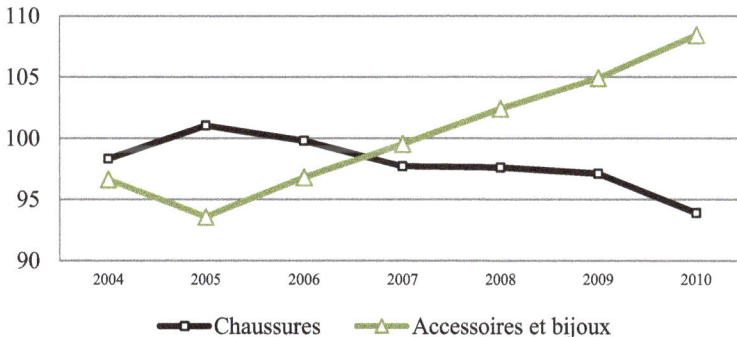

Chaussures   Accessoires et bijoux

Source : Statistique Canada, CANSIM tableau 326-0020

CENTRES DE RÉNOVATION, QUINCAILLERIES, CONSTRUCTION ET JARDINAGE

Les quincailleries et les centres de rénovation du Québec ont connu en 2010 une décroissance pour la première fois depuis 2004 (-1,1 %). Ce secteur a été fortement touché par la récession de 2008-2009.

ÉVOLUTION 2009-2010

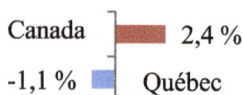

Canada 2,4 %

-1,1 % Québec

VENTES DES MAGASINS AU QUÉBEC

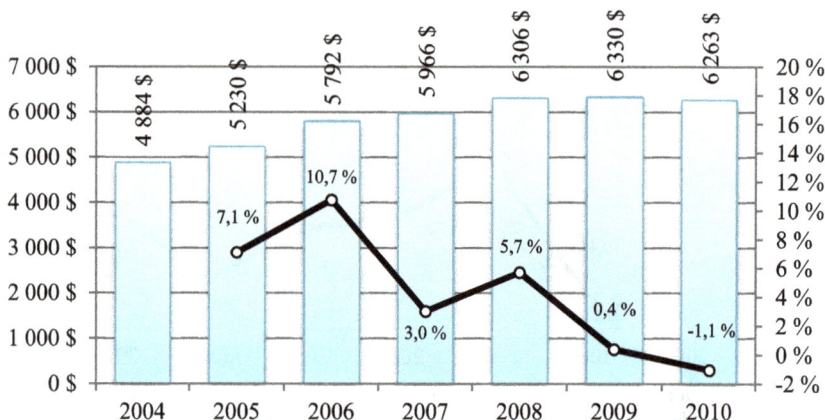

Source : Statistique Canada, CANSIM tableau 080-0014 (estimation Groupe Altus Recherche Marketing pour décembre 2010)

IPC – QUÉBEC (2002=100)

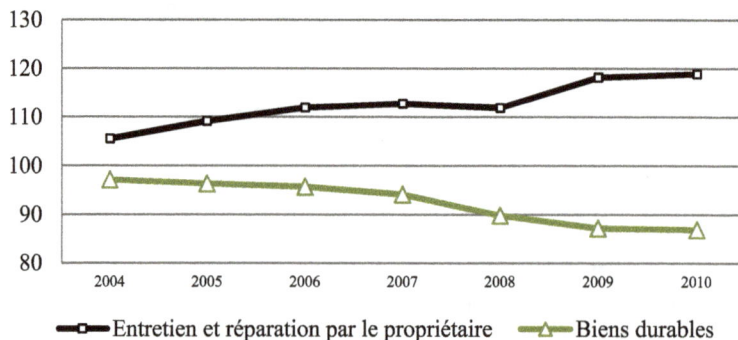

Entretien et réparation par le propriétaire — Biens durables

Source : Statistique Canada, CANSIM tableau 326-0020

MAGASINS
DE DÉTAIL DIVERS

Après plusieurs années d'augmentation soutenue, le taux de croissance des ventes de ce secteur a fortement diminué en 2009 suite à la récession, et a été marqué par une décroissance des ventes de -1,3 % en 2010.

ÉVOLUTION 2009-2010

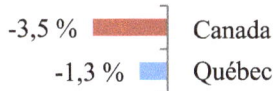

-3,5 % Canada
-1,3 % Québec

VENTES DES MAGASINS AU QUÉBEC

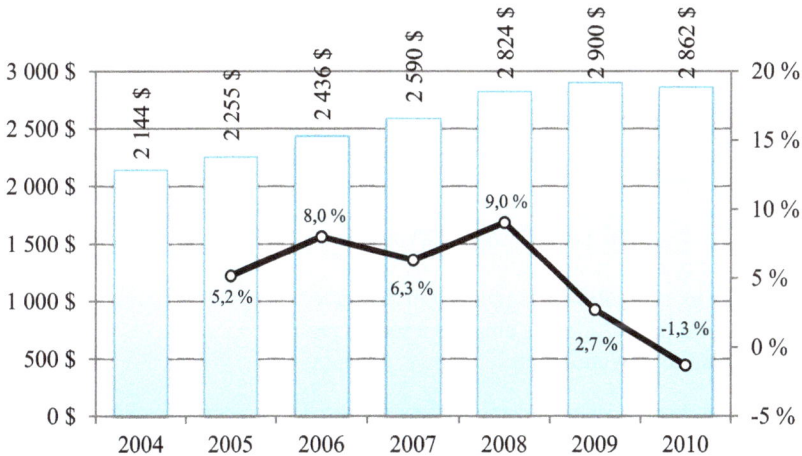

Source : Statistique Canada, CANSIM tableau 080-0014 (estimation Groupe Altus Recherche Marketing pour décembre 2010)

IPC – QUÉBEC (2002=100)

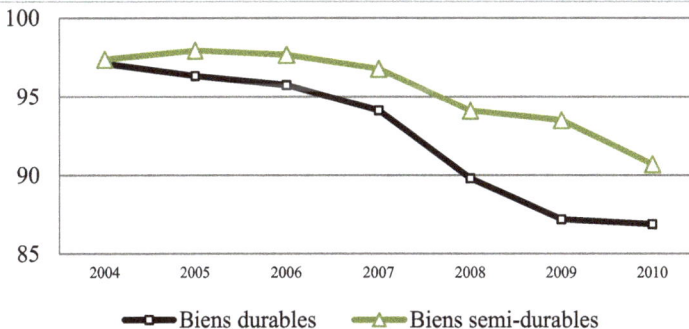

Biens durables Biens semi-durables

Source : Statistique Canada, CANSIM tableau 326-0020

VENTE EN LIGNE AU CANADA

Le commerce en ligne continue sa progression.

	2007	2009	Croissance 2007-2009
Nombre d'utilisateurs canadiens			
Utilisateurs d'Internet (%)	73	80	+7 %
Consommateurs en ligne (%)	32	39	+7 %
Nombre de commandes			
Nombre total (en milliers)	69 886	95 669	**+36,9 %**
Nombre moyen par personne	8	9	**+12,5 %**
Valeur des commandes			
Valeur totale (en milliers de dollars)	12 772 147	15 071 062	**+18,0 %**
Valeur moyenne par personne (en dollars)	1 520	1 420	-6,6 %
Valeur moyenne par commande (en dollars)	183	158	-13,7 %

Source : Statistique Canada, « Commerce électronique : magasinage sur Internet », *Le Quotidien*, 27 septembre 2010

CARACTÉRISTIQUES DE L'EMPLOI

- Proportion élevée de femmes et de jeunes
- Forte proportion des emplois à temps partiel
- Salaire moyen faible

Statistiques sur la main-d'œuvre dans le commerce de détail au Québec en 2008	
Nombre d'établissements	24 712
Nombre de travailleurs	298 845
Pourcentage de femmes	**57,80 %**
Pourcentage des travailleurs âgés de 15 à 24 ans	**32,20 %**
Pourcentage de l'emploi à temps partiel	**32,20 %**
Salaire hebdomadaire moyen	445,35 $

Source : Comité sectoriel de la main-d'œuvre du commerce de détail, « Diagnostic sectoriel de la main-d'œuvre du commerce de détail 2008-2011 », *Sommaire et recommandations*, 2008

SECTION 1.4
LES DÉFIS DES ENTREPRISES DE DÉTAIL

- Augmentation de la concurrence.
- Importance de réduire les coûts et de différencier son offre.
- Fusions et acquisitions.
  o Augmente le volume et permet une réduction des coûts.

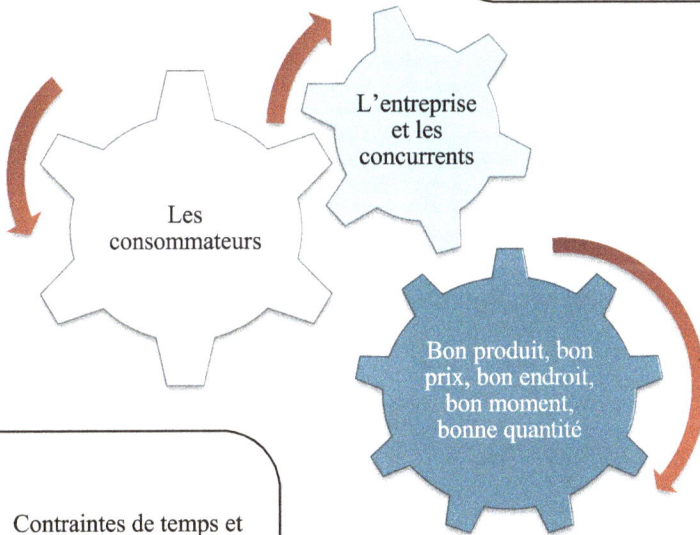

L'entreprise et les concurrents

Les consommateurs

Bon produit, bon prix, bon endroit, bon moment, bonne quantité

- Contraintes de temps et d'argent.
- Augmentation du pouvoir de négociation des consommateurs.
- Exigent des prix et une efficacité de service.
- Infidélité des consommateurs.

Défis		
Attirer la clientèle en magasin	→	Trafic
Amener les clients à devenir des acheteurs	→	Taux de conversion
Maximiser la dépense par client	→	Facture moyenne

Ventes :
Trafic × Taux de conversion × Facture moyenne

LA VISION DU MARCHÉ

- Connaître la structure du marché.
- Connaître les tendances du marché.
- Connaître la concurrence.
- Connaître les besoins des clients.
- Connaître l'offre des produits.

NOTES

NOTES

MODULE 2

LA STRATÉGIE
DANS LE COMMERCE DE DÉTAIL

Section 2.1 :   La planification stratégique

Section 2.2 :   Le diagnostic stratégique :
                 analyse de l'environnement externe

Section 2.3 :   Le diagnostic stratégique :
                 analyse de l'environnement interne

Section 2.4 :   Le cas *DeSerres*

---

*La planification stratégique s'inscrit dans un processus
d'analyse de l'environnement interne et externe. À partir des
tendances de l'environnement externe, il est souhaitable
d'anticiper les changements probables qui définiront le
contexte futur, et d'évaluer les actions à poser pour conforter
la position de l'entreprise sur le marché de demain.*

LA STRATÉGIE
DANS LE COMMERCE DE DÉTAIL

OBJECTIFS DU MODULE

- Connaître les principales variables qui influencent la stratégie d'une entreprise.

- Comprendre le processus de planification stratégique pour une entreprise de détail.

CONNAISSANCES

- Le diagnostic stratégique

- Le contexte commercial

- La stratégie

SECTION 2.1
LA PLANIFICATION STRATÉGIQUE

ANTICIPER LES TRANSFORMATIONS DE L'ENVIRONNEMENT
QUEL ENVIRONNEMENT AURONS-NOUS DEMAIN?

Approvisionnement	Production et transformation	Distribution	Marketing et ventes	Consommation et déchets

ANTICIPER LES TRANSFORMATIONS DE L'ORGANISATION
QUELLES SERONT LES CARACTÉRISTIQUES DE L'ENTREPRISE DE DEMAIN?

Avide de changement	Anticipe le changement et l'utilise comme un moyen de différenciation.
Innovante et avant-gardiste dans son approche client	Collabore avec le consommateur, se projette au-delà de ses besoins actuels pour proposer un produit/service unique en son genre.
Intégrée à l'échelle globale	Organise ses activités pour accéder aux compétences, connaissances et actifs disponibles aux quatre coins du monde, et réussit à les exploiter mondialement.
Révolutionnaire par nature	Remet constamment en cause son organisation et son modèle d'affaires et n'hésite pas à vouloir révolutionner son secteur d'activités.
Authentique et responsable	Généralise la prise en compte de la responsabilité sociale de l'entreprise (RSE) et ainsi collabore à l'harmonie sociale et écologique tout en pérennisant son développement.

Adapté de IBM Global CEO Study 2008. L'analyse des 1 130 entretiens avec des dirigeants d'entreprise nous a permis de déterminer les caractéristiques clés de l'entreprise de demain. Étude mondiale des priorités des dirigeants d'entreprise dans 40 pays, 32 secteurs d'activité (www.ibm.com)

LA DÉMARCHE STRATÉGIQUE

Avant la rédaction du plan stratégique proprement dit, un diagnostic des tendances de l'environnement externe et de la situation interne de l'entreprise est indispensable. Cette étape permet de dégager les opportunités et les menaces du marché ainsi que les forces et faiblesses de l'entreprise. À la lumière de ces informations, il sera possible d'élaborer un plan stratégique adapté aux réalités de l'environnement et de l'entreprise.

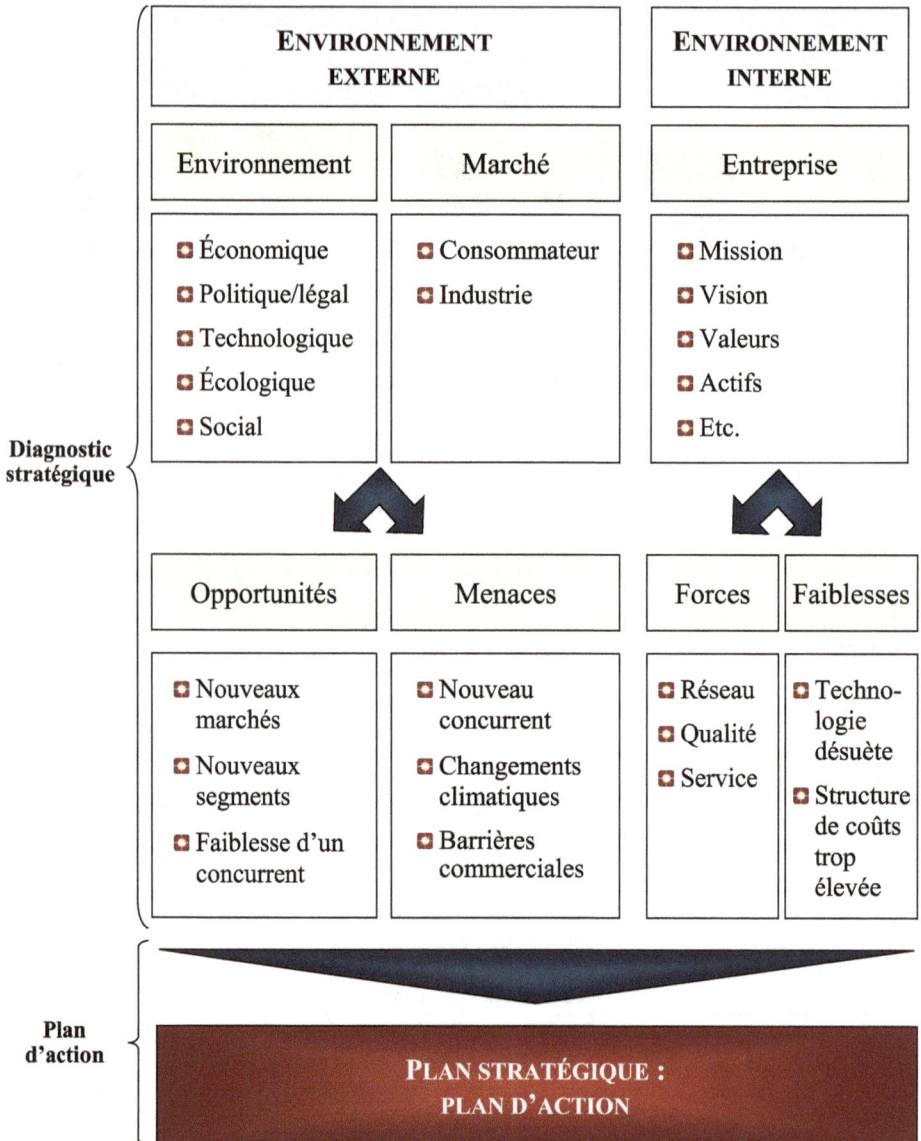

ENVIRONNEMENT EXTERNE		ENVIRONNEMENT INTERNE
Environnement	Marché	Entreprise
☐ Économique ☐ Politique/légal ☐ Technologique ☐ Écologique ☐ Social	☐ Consommateur ☐ Industrie	☐ Mission ☐ Vision ☐ Valeurs ☐ Actifs ☐ Etc.

Diagnostic stratégique

Opportunités	Menaces	Forces	Faiblesses
☐ Nouveaux marchés ☐ Nouveaux segments ☐ Faiblesse d'un concurrent	☐ Nouveau concurrent ☐ Changements climatiques ☐ Barrières commerciales	☐ Réseau ☐ Qualité ☐ Service	☐ Technologie désuète ☐ Structure de coûts trop élevée

Plan d'action

**PLAN STRATÉGIQUE :
PLAN D'ACTION**

SECTION 2.2
LE DIAGNOSTIC STRATÉGIQUE :
ANALYSE DE L'ENVIRONNEMENT EXTERNE

**La démarche d'analyse
de l'environnement externe varie selon :**

- Le niveau de complexité de l'environnement.

- Le niveau de concentration et les caractéristiques de l'industrie.

- L'accessibilité aux données externes.

- La culture de l'entreprise.

**CONNAÎTRE ET INTERPRÉTER LES CHANGEMENTS
AU SEIN DE L'ENVIRONNEMENT EXTERNE**

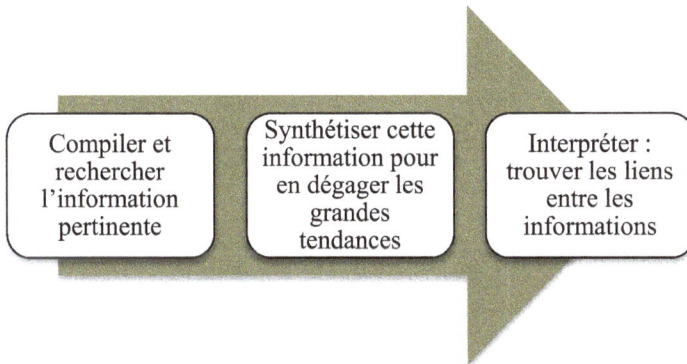

Compiler et rechercher l'information pertinente	Synthétiser cette information pour en dégager les grandes tendances	Interpréter : trouver les liens entre les informations

**La démarche d'analyse
de l'environnement externe**

- Importance de faire une veille stratégique sur les tendances : les variables de l'environnement externe évoluent à un rythme plus rapide que ce que nous avons connu au cours des dernières décennies.

- Importance de comprendre la dynamique du marché des consommateurs et de l'industrie.

- Se limite souvent aux tendances dégagées à partir de données historiques.

- Intérêt à développer des scénarios sur les tendances afin d'identifier les futurs probables pour l'entreprise.

COMPRENDRE
LES FORCES DU MARCHÉ

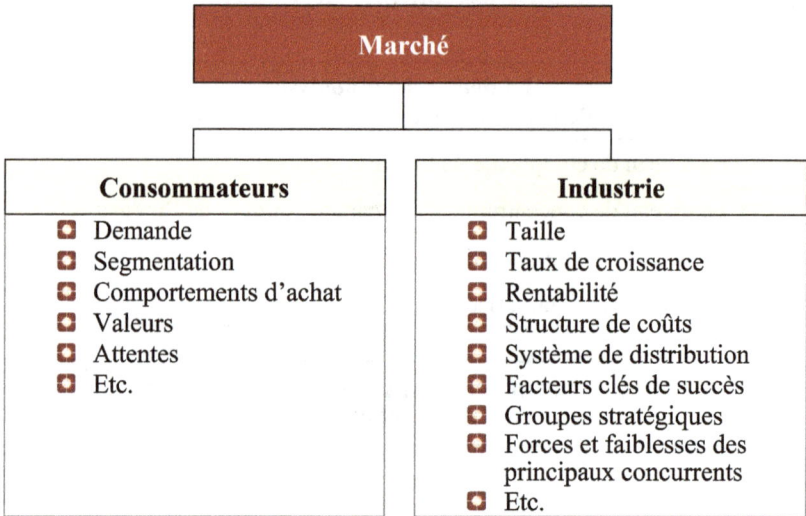

Marché

Consommateurs	Industrie
▣ Demande	▣ Taille
▣ Segmentation	▣ Taux de croissance
▣ Comportements d'achat	▣ Rentabilité
▣ Valeurs	▣ Structure de coûts
▣ Attentes	▣ Système de distribution
▣ Etc.	▣ Facteurs clés de succès
	▣ Groupes stratégiques
	▣ Forces et faiblesses des principaux concurrents
	▣ Etc.

LE DÉFI :
DÉGAGER ET INTÉGRER LES INFORMATIONS DE L'ENVIRONNEMENT

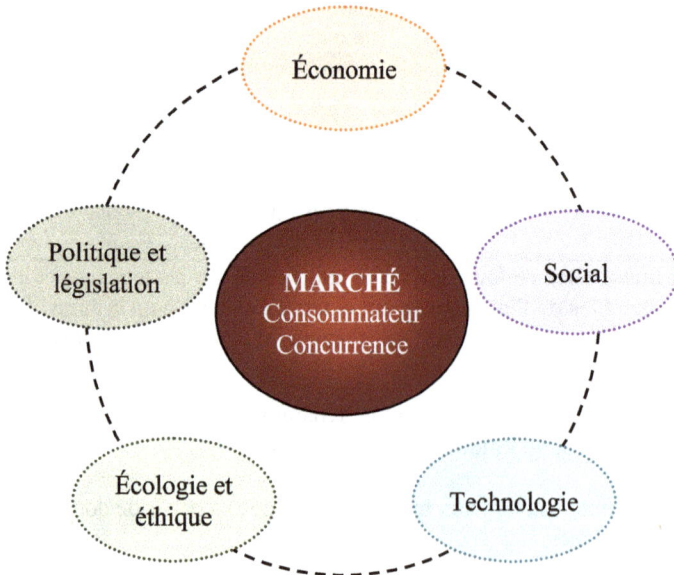

LA DÉMARCHE D'ANALYSE DE L'ENVIRONNEMENT EXTERNE

Le PESTEL fournit un cadre d'analyse intéressant
pour l'étude de l'environnement externe.

Politique	<ul><li>Politique monétaire</li><li>Accords de libre-échange</li><li>Programmes d'incitation</li><li>Etc.</li></ul>
Économique	<ul><li>Taux d'intérêt</li><li>Emploi</li><li>Inflation</li><li>Taux de change du dollar</li><li>Croissance économique</li><li>Dette</li><li>Niveau de confiance des consommateurs</li><li>Etc.</li></ul>
Social	<ul><li>Démographie</li><li>Éducation</li><li>Caractéristiques des ménages</li><li>Répartition des revenus</li><li>Styles de vie</li><li>Etc.</li></ul>
Technologique	<ul><li>Nouvelles technologies</li><li>Transfert des connaissances</li><li>Investissement à la recherche</li><li>Etc.</li></ul>
Environnemental (écologie et éthique)	<ul><li>Trois axes du développement durable (environnement, économie, social)</li><li>Certification</li><li>Urbanisme</li><li>Télétravail</li><li>Etc.</li></ul>
Légal	<ul><li>Salaire minimum</li><li>Fiscal</li><li>Sécurité au travail</li><li>Formation</li><li>Emploi</li><li>Heures d'ouverture</li><li>Réglementation</li><li>Droits et protection du consommateur</li><li>Etc.</li></ul>

LE CONTEXTE POLITIQUE ET LÉGAL

QUELQUES EXEMPLES :

Entreprise	☐ Loi sur la santé et la sécurité au travail. ☐ Programmes de subventions. ☐ Loi sur l'énergie verte. ☐ Respect de la propriété intellectuelle, brevets.
Marketing	☐ Loi sur l'emballage et l'étiquetage des produits de consommation. ☐ Charte de la langue française. ☐ Loi sur la concurrence. ☐ Règlementation de zonage.
Économie	☐ Loi sur les licences d'exportation et d'importation (LLEI). ☐ Fixation des prix. ☐ Loi sur les taxes d'accise.
Individus et consommateurs	☐ Protection du consommateur. ☐ Lois sur le respect de la vie privée. ☐ Normes du travail, etc.

LE CONTEXTE ÉCONOMIQUE

LE CONTEXTE ÉCONOMIQUE MONDIAL : 2011-2012

Faible reprise américaine	Impact sur la croissance économique du Canada et du Québec.
Force du dollar canadien	Frein à l'exportation.
Contexte européen	La crise des dettes de la zone euro augmente l'incertitude économique.
Puissance économique de la Chine	L'interdépendance des marchés occidentaux et de l'économie chinoise.

LA SITUATION DES CONSOMMATEURS

- Fluctuation du niveau de confiance des consommateurs.

- Faible augmentation du revenu disponible.

- Diminution de l'épargne.

- Taux d'endettement élevé.

- Changements dans les comportements d'achat.

LES PRÉVISIONS MONDIALES

Voici les principales prévisions de croissance de la production du FMI par pays pour 2011 et 2012. Les chiffres entre parenthèses représentent les révisions exprimées en points de pourcentage par rapport aux prévisions précédentes du Fonds, datant de juin 2011.

LES PRÉVISIONS DU FMI

	2011		2012	
Monde	**+4,0 %**	**(-0,3)**	**+4,0 %**	**(-0,5)**
États-Unis	+1,5 %	(-1,0)	+1,8 %	(-0,9)
Japon	-0,5 %	(+0,2)	+2,3 %	(-0,6)
Zone euro	+1,6 %	(-0,4)	+1,1 %	(-0,6)
Royaume-Uni	+1,1 %	(-0,4)	+1,6 %	(-0,7)
Canada	**+2,1 %**	**(-0,8)**	**+1,9 %**	**(-0,7)**
Chine	+9,5 %	(-0,1)	+9,0 %	(-0,5)
Inde	+7,8 %	(-0,4)	+7,5 %	(-0,3)
Amérique latine et Caraïbes	+4,5 %	(-0,1)	+4,0 %	(-0,1)
Russie	+4,3 %	(-0,5)	+4,1 %	(-0,4)

Source : *Perspectives de l'économie mondiale*, document publié par le FMI, septembre 2011, http://www.imf.org/external/french/pubs/ft/weo/2011/02/pdf/textf.pdf

REVENU DISPONIBLE DES CHINOIS

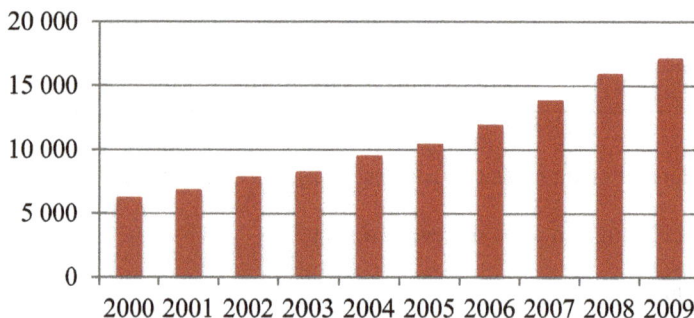

Source : National Bureau of Statistic of China, 2011, http://www.stats.gov.cn/english

- ❏ 2001-2009 : Croissance soutenue du revenu disponible des Chinois.
- ❏ 2010-2011 : augmentation de 7,8 % (19 109 RMB) et de 11,3 % pour le Q1 de 2011 (Source : National Bureau of Statistic of China, 2011).

LES PRÉVISIONS
CANADIENNES

INDICATEURS ÉCONOMIQUES
POUR LE CANADA ET LE QUÉBEC

	2011 Québec	2011 Canada	2012 Québec	2012 Canada	2013 Canada
PIB réel	1,4	2,4	1,8	1,7	**2,2**
Exportations		4,3		2,9	**5,0**
Taux de chômage	7,7	7,4	7,6	7,6	7,4
Inflation	1,9	2,9	4,0	3,8	1,8
Mises en chantier (en milliers)	48,4	192,0	44,5	181,0	172,0

- La croissance du Canada (et du Québec) est influencée par la situation économique américaine, puisque ce sont principalement nos exportations vers les É.-U. qui stimulent notre économie.

- Perspectives long terme : croissance plus notable prévue pour 2013 due à l'augmentation des exportations, entre autres vers les É.-U.

Source : Canada : Prévisions économiques trimestrielles, Services économiques TD, 14 décembre 2011, http://www.td.com/francais/document/PDF/economics/qef/qefdec11_can_fr.pdf
Québec : RBC, perspectives provinciales, décembre 2011, http://www.rbc.com/economie/marche/pdf/que.pdf

INDICATEURS ÉCONOMIQUES
POUR LE CANADA

	2011	2012	2013
Revenu disponible des particuliers	2,9	2,4	3,6
Taux d'épargne des particuliers	3,8	3,1	3,4
Dépenses des consommateurs	1,9	1,6	2,0
Inflation	2,9	3,8	1,8

- Selon les experts des *Services économiques TD*, l'endettement des particuliers devrait continuer de s'accentuer entre 2011 et 2013.

Source : Prévisions économiques trimestrielles, *Services économiques TD*, 14 décembre 2011, http://www.td.com/francais/document/PDF/economics/qef/qefdec11_can_fr.pdf

INDICATEURS ÉCONOMIQUES
POUR LE QUÉBEC

COMPARAISON ENTRE LES DÉPENSES ET LES REVENUS DES QUÉBÉCOIS EN MILLIONS DE DOLLARS, 2003 À 2010

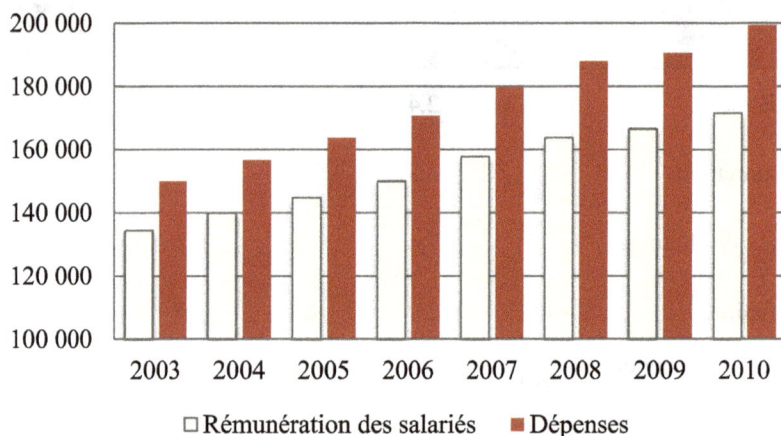

☐ Rémunération des salariés ■ Dépenses

Des dépenses qui augmentent plus vite que les revenus!

Source : Institut de la statistique du Québec, Direction des statistiques économiques et du développement durable, http://www.stat.gouv.qc.ca/. Statistique Canada, Comptes des revenus et dépenses, 23 septembre 2011, http://www.statcan.gc.ca

CROISSANCE DES REVENUS DES SALARIÉS ET DES DÉPENSES PERSONNELLES EN BIENS DE CONSOMMATION ET SERVICES AU QUÉBEC, 2003 À 2010 (%)

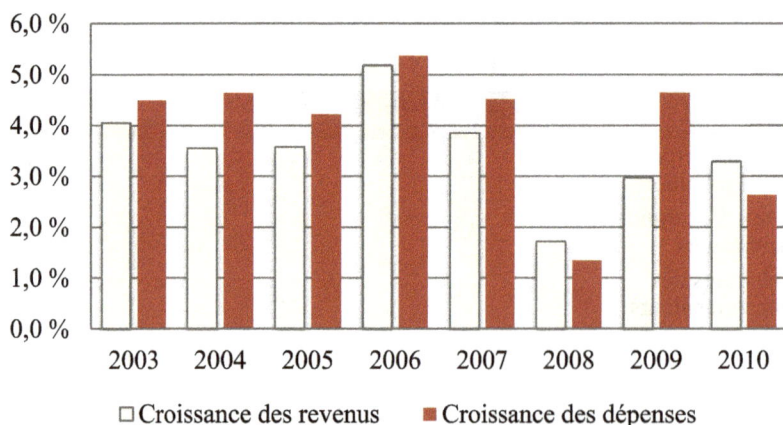

☐ Croissance des revenus ■ Croissance des dépenses

Source : Institut de la statistique du Québec, Direction des statistiques économiques et du développement durable. Statistique Canada, Division des comptes des revenus et dépenses, 23 septembre 2011

**TAUX D'ENDETTEMENT
DES QUÉBÉCOIS**

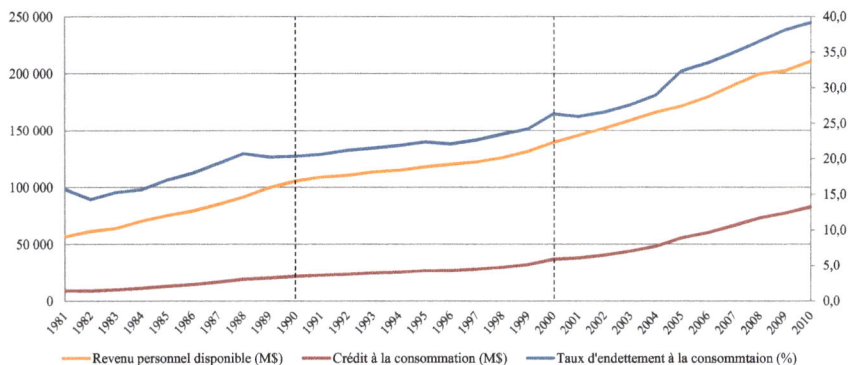

Source : Institut de la statistique du Québec, Statistique Canada et Banque du Canada

🔲 Un taux d'endettement inquiétant :
   o Taux d'endettement à la consommation : 39,2 % (2010)
   o Taux d'endettement hypothécaire et à la consommation : 147 %

**INDICE DE CONFIANCE DES CONSOMMATEURS QUÉBÉCOIS
ALTUS-CQCD (OCTOBRE 2011)**

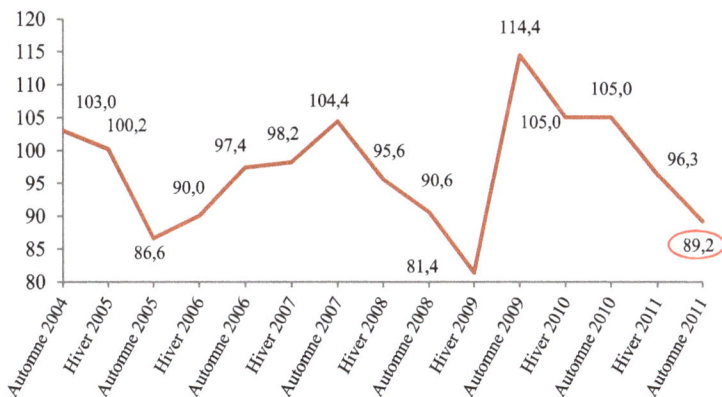

Source : Groupe Altus Recherche Marketing

🔲 L'indice de confiance des consommateurs québécois continue de chuter après avoir atteint un point culminant à l'automne 2009.
🔲 Il s'agit d'une diminution de 15,8 points par rapport à l'année précédente.
🔲 Un résultat inférieur à 100 signifie qu'il y a plus de pessimistes que d'optimistes. À l'inverse, si le nombre d'optimistes est supérieur à celui des pessimistes, l'indice sera au-dessus de 100.

PERCEPTION
DE LA SITUATION ÉCONOMIQUE DU QUÉBEC

Diriez-vous que la situation financière de votre ménage
s'est (…) au cours des six derniers mois ?

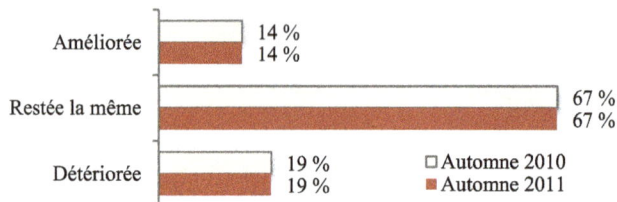

	Automne 2010	Automne 2011
Améliorée	14 %	14 %
Restée la même	67 %	67 %
Détériorée	19 %	19 %

Source : Étude réalisée en octobre 2011 auprès de 1 002 répondants par le Groupe Altus Recherche Marketing

☐ Tout comme en 2010, la majorité des répondants (67 %) estiment que la situation financière de leur ménage est restée la même au cours des six derniers mois.

☐ La situation financière de 19 % des ménages québécois s'est détériorée au cours des six derniers mois.

☐ Ces proportions sont identiques à celles obtenues en 2010. Elles sont toutefois moins élevées que celles observées au cours de 2008 et 2009 (24 % en 2008 et 21 % en 2009). Par contre, elle n'a toujours pas atteint le niveau de 10 % enregistré avant la récession (2007).

Répondants qui estiment que la situation financière de leur
ménage s'est détériorée au cours des six derniers mois.

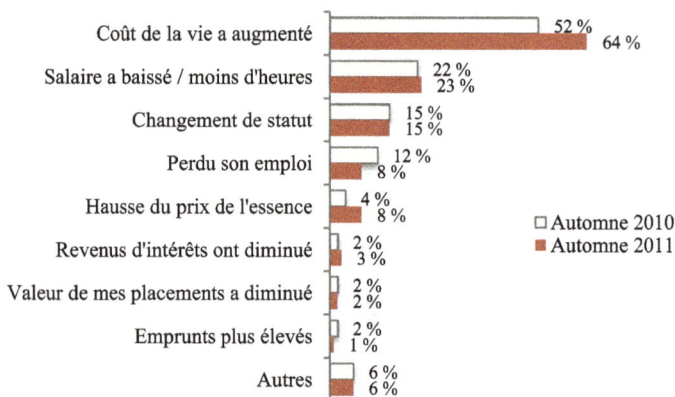

	Automne 2010	Automne 2011
Coût de la vie a augmenté	52 %	64 %
Salaire a baissé / moins d'heures	22 %	23 %
Changement de statut	15 %	15 %
Perdu son emploi	12 %	8 %
Hausse du prix de l'essence	4 %	8 %
Revenus d'intérêts ont diminué	2 %	3 %
Valeur de mes placements a diminué	2 %	2 %
Emprunts plus élevés	2 %	1 %
Autres	6 %	6 %

Source : Étude réalisée en octobre 2011 auprès de 1 002 répondants par le Groupe Altus Recherche Marketing

☐ Près des deux tiers des Québécois (64 %) expliquent la détérioration de leur situation financière par l'augmentation du coût de la vie.

☐ Cette proportion est significativement plus élevée qu'en 2010 (+12 points de pourcentage).

☐ Les éléments associés au travail (nombre d'heures, niveau de salaire, changement de statut, perte d'emploi) ainsi que la hausse du prix de l'essence restent également des facteurs déterminants.

LE CONTEXTE
SOCIAL

Avant d'élaborer la stratégie de détail, il est important de connaître les caractéristiques du contexte commercial afin d'identifier les opportunités et les menaces.

LA DÉMOGRAPHIE

LA CROISSANCE DE LA POPULATION

POPULATION DU QUÉBEC, 1851-2006
ET POPULATION PROJETÉE 2011-2051

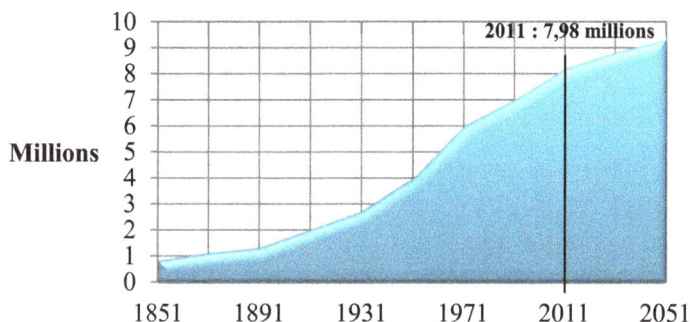

2011 : 7,98 millions

Millions

1851 1891 1931 1971 2011 2051

Source : Institut de la statistique du Québec, *Le Québec chiffres en main, édition 2010*

- ◻ Faible taux de croissance de la population.
- ◻ Taux annuel moyen de croissance 2006-2010 : 0,5 % pour la région métropolitaine de recensement (RMR) de Montréal.

TAUX ANNUEL DE LA CROISSANCE
DE LA POPULATION

	2001-2006	2006-2010 estimé
Province du Québec	2,1 %	3,2 %
Montréal (RMR)	1,2 %	0,5 %

Source : Statistique Canada, *Recensements 2001 et 2006*

ÂGE MÉDIAN DE LA
POPULATION EN 2010

Âge médian	41,2
Hommes	40,1
Femmes	42,5

Source : Institut de la statistique du Québec, *Le Québec chiffres en main, édition 2010*

**LE VIEILLISSEMENT
DE LA POPULATION**

**PYRAMIDE DES ÂGES
2009-2051**

PYRAMIDE DES ÂGES, 2009 ET 2051

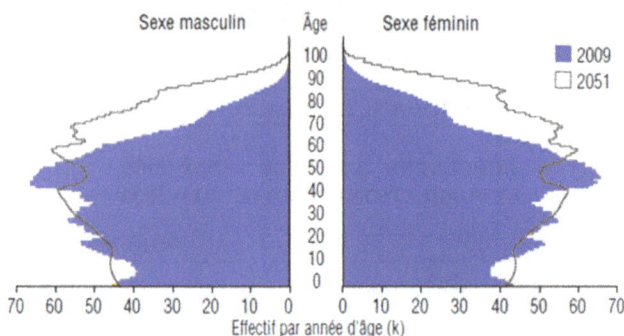

Source : Institut de la statistique du Québec, *Le Québec chiffres en main, édition 2010*

- En 2011, 30 % de la population était âgée de 55 ans et plus.
- Cette proportion atteindra 36 % en 2021 :
  - Niveau de retraite en hausse ;
  - Nouveaux besoins émergents.

**ÉVOLUTION DE LA POPULATION DU QUÉBEC
SELON LES TRANCHES D'ÂGE**

Tranches d'âge	1991	2001	2011	2021	2031	2041	2051
0 à 19 ans	27 %	24 %	21 %	20 %	19 %	18 %	17 %
20 à 34 ans	25 %	20 %	20 %	18 %	16 %	16 %	16 %
35 à 44 ans	16 %	17 %	13 %	13 %	13 %	12 %	12 %
45 à 54 ans	12 %	15 %	16 %	13 %	13 %	13 %	12 %
55 à 64 ans	9 %	11 %	14 %	15 %	12 %	13 %	13 %
65 ans et +	11 %	13 %	16 %	21 %	27 %	28 %	30 %

Source : Institut de la statistique du Québec

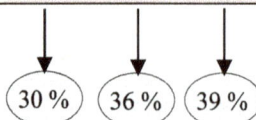

30 %   36 %   39 %

LE VIEILLISSEMENT :
UN PHÉNOMÈNE OCCIDENTAL

POPULATION DE 65 ANS ET PLUS DANS LE MONDE – 2010

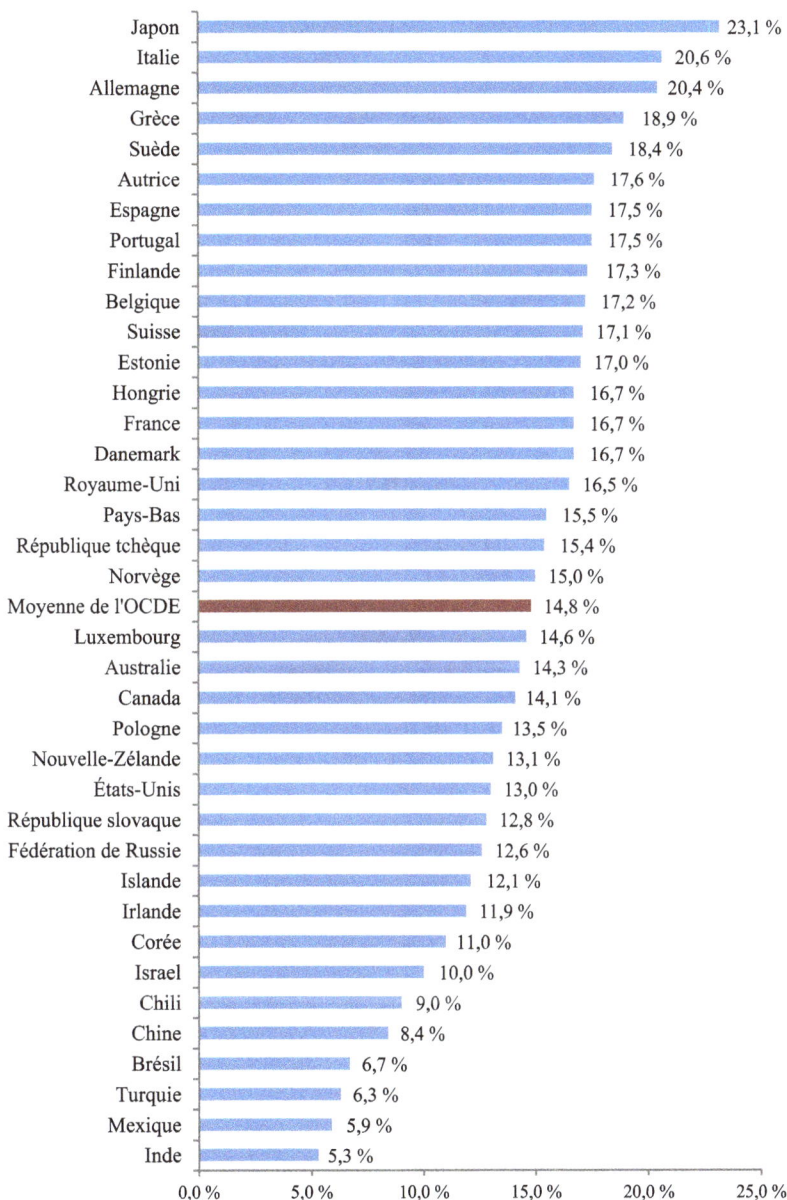

Pays	%
Japon	23,1 %
Italie	20,6 %
Allemagne	20,4 %
Grèce	18,9 %
Suède	18,4 %
Autriche	17,6 %
Espagne	17,5 %
Portugal	17,5 %
Finlande	17,3 %
Belgique	17,2 %
Suisse	17,1 %
Estonie	17,0 %
Hongrie	16,7 %
France	16,7 %
Danemark	16,7 %
Royaume-Uni	16,5 %
Pays-Bas	15,5 %
République tchèque	15,4 %
Norvège	15,0 %
Moyenne de l'OCDE	14,8 %
Luxembourg	14,6 %
Australie	14,3 %
Canada	14,1 %
Pologne	13,5 %
Nouvelle-Zélande	13,1 %
États-Unis	13,0 %
République slovaque	12,8 %
Fédération de Russie	12,6 %
Islande	12,1 %
Irlande	11,9 %
Corée	11,0 %
Israel	10,0 %
Chili	9,0 %
Chine	8,4 %
Brésil	6,7 %
Turquie	6,3 %
Mexique	5,9 %
Inde	5,3 %

Source : Panorama des statistiques de l'OCDE 2009. www.oeco-ilibrary.org, mars 2012

COMPOSITION DES MÉNAGES ET DES FAMILLES AU QUÉBEC

COMPOSITION DES MÉNAGES AU QUÉBEC

	1986	1996	2006
Nombre de ménages	2 357 104	2 822 030	3 189 345
Nombre moyen de personnes par ménage	2,7	2,5	2,3
Ménages composés de personnes seules	21,7 %	27,3 %	30,7 %
Ménages composés de deux personnes	29,9 %	31,5 %	34,4 %
Ménages composés de trois personnes et plus	48,4 %	41,2 %	34,9 %

Source : Statistique Canada, Recensements 1986, 1996, 2006

PORTRAIT DE LA FAMILLE AU QUÉBEC

	2001	2006
Nombre de familles	2 019 555	2 121 610
Nombre moyen de personnes par famille	2,9	2,9
Nombre moyen d'enfants par famille	1,08	1,02
Familles de couples avec enfants	55,4 %	51,7 %
Intactes	87,6 %	85,9 %
Recomposées	12,4 %	14,2 %
Familles monoparentales	16,6 %	16,6 %
Mères seules	79,7 %	77,9 %

Source : Statistique Canada, Recensements 2001-2006

ÉDUCATION

> *Les jeunes femmes sont
> de plus en plus scolarisées.*

**PROPORTION DE DÉTENTEURS D'UN DIPLÔME
UNIVERSITAIRE SELON L'ÂGE ET LE SEXE, QUÉBEC, 2006 (%)**

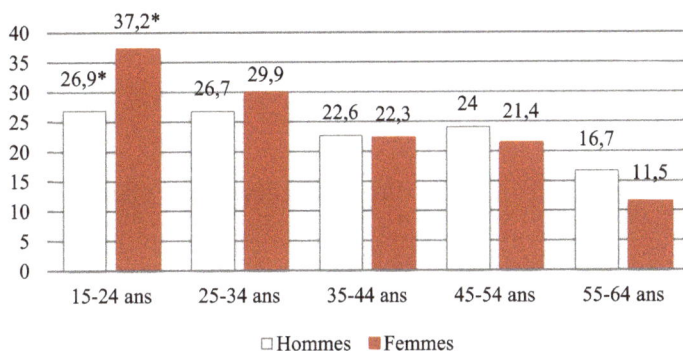

□ Hommes ■ Femmes

* Ces proportions étaient de 29,2 % (H) et de 35,7 % (F) en 2001.

Source : Institut de la statistique du Québec, Recensement 2006

LE MULTICULTURALISME :
UNE RÉALITÉ MONTRÉALAISE

POIDS DÉMOGRAPHIQUE DES IMMIGRANTS

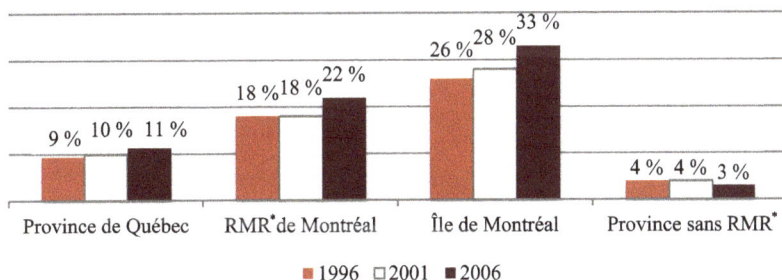

■ 1996 □ 2001 ■ 2006

Source : Statistique Canada, *Recensements 1996, 2001 et 2006*
*RMR : Région métropolitaine de recensement

- Croissance de l'immigration plus marquée sur l'Île de Montréal : un poids démographique de 33 % en 2006.
- Des univers qui se côtoient et qui influencent les modes de consommation.

LES CONSOMMATEURS

Quelques tendances des consommateurs

Forte sensibilité au prix	◘ Achats de biens de consommation courante surtout pour les produits non différenciés.
Infidélité	◘ Importance des cartes de fidélité.
Réduction du temps discrétionnaire	◘ Réduction du nombre de visites en magasin ; ◘ Recherche de solutions pour économiser du temps.

L'IMPACT DU POUVOIR DES CONSOMMATEURS SUR L'INDUSTRIE

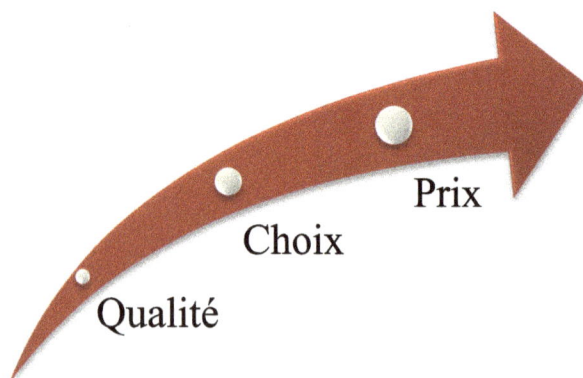

Prix

Choix

Qualité

LE CONTEXTE TECHNOLOGIQUE

LA TECHNOLOGIE

- ☐ Réduction des coûts et gain d'efficacité :
  - ▪ Logiciels de gestion : réapprovisionnement automatique, logistique, entreposage, livraison ;
  - ▪ Gestion des banques de données (*Data Mining*) : personnalisation de l'offre et du marketing.
- ☐ Communication interactive :
  - ▪ Réseaux sociaux : *Facebook, Twitter, LinkedIn.*

LA TECHNOLOGIE AU SERVICE DE L'ENTREPRISE

- ☐ RFID (Radio-identification) :
  - ▪ Efficience des opérations : meilleure gestion des stocks et inventaires, localisation ;
  - ▪ Traçabilité et sécurité : meilleure gestion de la chaîne de production et de valeur.
- ☐ Codes QR (*Quick Response*) : rapidité d'accès à l'information.

LA TECHNOLOGIE AU SERVICE DU CONSOMMATEUR

- ☐ Sites transactionnels :
  - ▪ Accessibilité de l'information (comparaisons de l'offre et des prix) ;
  - ▪ Accessibilité à de nouveaux marchés (offre élargie, concurrence mondiale) ;
  - ▪ Passerelle *off-line/on-line* : lien entre le magasin physique et le magasin virtuel.
- ☐ Sites interactifs : Web 2.0 et Web sémantique :
  - ▪ Contribution du consommateur à l'information disponible ;
    - o Plus grand contrôle sur l'information disponible,
    - o Facilite l'échange d'information ;
  - ▪ Information orientée vers le consommateur : personnalisation de l'offre selon les intérêts du client ;
  - ▪ Création de réseaux sociaux et de communautés de produit/de marque (capital de marque).
- ☐ Sites de groupes d'achats, coupons électroniques.

LE CONTEXTE
ÉCOLOGIQUE ET ÉTHIQUE

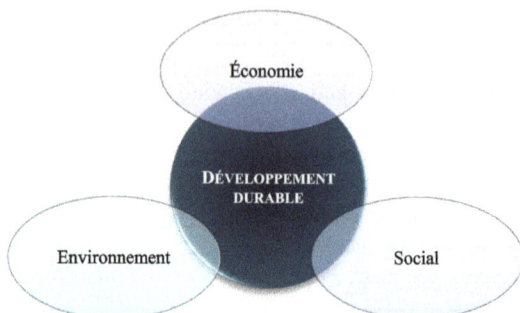

POUR
LE CONSOMMATEUR

- Consommation davantage axée sur les préoccupations environnementales, sur la santé, sur le bien-être et sur l'éthique.
- Souci pour l'achat local, nouvelles préoccupations du consommateur envers le bien-être des acteurs de la chaîne de valeur.
- Présence des logos de certification.
- Retour aux sources, consommation verte : produits écologiques dont les procédés de fabrication et la distance parcourue pour leur transport réduisent les impacts négatifs sur l'environnement :
  - Produits écologiques, biologiques, équitables, recyclés, *vintage*.
- Recherche d'authenticité et de transparence :
  - Interaction entreprise-consommateurs.

POUR
L'ENTREPRISE

- Développement durable : un positionnement qui implique tous les intervenants de la chaîne de valeur.
- Choix des fournisseurs.
- Adaptation des procédés de production.
- Recherche de technologies moins énergivores.
- Marketing vert.
- Mise en marché « verte » : privilégier l'approvisionnement local plutôt que l'importation.
- Implication au sein de la communauté, positionnement d'entreprise « responsable », voir l'exemple de *Starbucks*, p. 56.

L'IDENTIFICATION D'OPPORTUNITÉS ET DE MENACES GRÂCE À L'ANALYSE PESTEL

À partir de l'analyse de l'environnement, il est possible de dégager les opportunités et les menaces pour l'entreprise. Voici un exemple d'analyse appliqué à la catégorie des vêtements mode pour adolescents et jeunes adultes.

PESTEL	Opportunités	Menaces
Politique et législation	Programmes de subventions.	Barrière à l'importation.
Économique	Développement de marques maison offrant un bon rapport qualité-prix.	Augmentation des coûts de l'énergie.
Social	Simplifier le processus d'achat pour les gens qui manquent de temps.	Faible croissance du marché potentiel en raison du vieillissement de la population.
Technologique	Développer la clientèle et l'attachement à la marque par les réseaux sociaux.	Forte dépendance à la technologie.
Environnement	Intérêt des consommateurs pour la consommation verte, plus grand intérêt envers la fabrication locale.	Fluctuation de la demande selon les variations de la température.

L'EXEMPLE DE
STARBUCKS

En affirmant sa mission, ses valeurs et son engagement, l'entreprise se positionne comme un acteur dans la société dans laquelle elle évolue. Il est important de communiquer ces informations.

« Depuis toujours, nous estimons que les entreprises peuvent – et doivent – avoir un impact positif sur les collectivités qu'elles servent. Ainsi, depuis l'ouverture de notre premier magasin en 1971, nous nous évertuons à gagner la confiance et le respect de nos clients, de nos partenaires et de nos voisins. Comment? En agissant de façon responsable, avec des gestes bienfaisants pour la planète et pour autrui. »

Collectivité

« En tant que bon voisin, nous participons toutes les fois que nous en avons l'occasion à des mouvements locaux visant à mobiliser les individus dans le but d'apporter un changement positif autour de nous. »

- Action au sein des collectivités
- Jeunes
- Fondation Starbucks
- Fonds pour l'eau Ethos

Environnement

« Nous trouvons des moyens de minimiser l'empreinte environnementale, de combattre le changement climatique et d'inciter les autres à faire de même. »

- Recyclage
- Énergie
- Eau
- Construction écologique
- Changement climatique

Approvisionnement éthique

« Nous sommes déterminés à acheter et à servir le café de la meilleure qualité possible, cultivé de manière responsable et commercialisé selon les principes du commerce équitable, de façon à contribuer à un meilleur avenir pour les producteurs. »

- Café, thé, cacao
- Aide aux producteurs

Diversité

« En intégrant un éventail diversifié de personnes et d'idées à notre entreprise, nous créons un plus grand nombre d'occasions de formation et de réussite dont peuvent bénéficier nos clients, nos partenaires (employés) et nos fournisseurs. »

Bien-être

« Notre détermination à contribuer au bien-être général fait en sorte que nous encourageons les politiques et les mouvements destinés à améliorer la santé de nos collectivités. De plus, nous offrons à notre clientèle des choix équilibrés tant pour nos aliments que pour nos boissons. »

Source : http://fr.starbucks.ca/responsibility

SECTION 2.3
LE DIAGNOSTIC STRATÉGIQUE :
ANALYSE DE L'ENVIRONNEMENT INTERNE

Pour établir le diagnostic interne de l'entreprise, il est nécessaire d'analyser la performance de l'entreprise et de ses différentes activités. Les réponses à ces questions permettent de dégager les forces et les faiblesses de l'entreprise.

**Faire le bilan
de la situation actuelle de l'entreprise**

1. La mission est-elle adaptée aux nouvelles conditions de l'environnement?
2. Le positionnement reflète-t-il les valeurs de l'entreprise?
3. Y a-t-il des aspects culturels à changer pour mieux concurrencer?
4. Avons-nous les compétences requises pour relever nos défis?
5. Quelle est notre performance financière?
6. Y a-t-il de nouveaux marchés ou segments à développer?
7. Quel est l'état de notre réseau?
8. Est-ce que notre assortiment correspond aux attentes de nos segments cibles?
9. Y a-t-il des catégories de produits à ajouter ou à retirer?
10. Notre stratégie de prix est-elle adaptée aux attentes de la clientèle et aux actions de la concurrence?
11. Est-ce que les normes du service à la clientèle sont précises, claires et comprises par les membres du personnel de vente?
12. La présentation des produits est-elle optimale?
13. L'expérience d'achat est-elle satisfaisante pour les consommateurs?
14. Sommes-nous capables d'attirer de nouveaux clients?
15. Quels sont les impacts de notre programme promotionnel sur l'augmentation des ventes, la facture moyenne et la notoriété de la marque?
16. Les délais d'approvisionnement sont-ils adéquats?
17. Quel est le niveau de perte sur les inventaires?

> *La stratégie marketing s'élabore à la lumière des informations dégagées lors du diagnostic stratégique : opportunités et menaces/forces et faiblesses.*

**STRATÉGIE MARKETING
ET STRATÉGIE D'ENSEIGNE**

La stratégie marketing de l'enseigne ou de la bannière qui sera développée doit s'inscrire dans la démarche stratégique globale de l'entreprise.

Adapté de Jean-Jacques Lambin, 1999, *Le marketing stratégique : du marketing à l'orientation de marché*, 4ᵉ édition, 737 pages

**LA STRATÉGIE
D'ENTREPRISE**

La stratégie de l'entreprise précise les grandes orientations de l'entreprise, les objectifs à atteindre pour une période donnée, les clientèles cibles, le positionnement souhaité et les axes de développement qu'elle veut prioriser pour la période.

LES STRATÉGIES

◘ Définition : plan d'action spécifique indiquant précisément comment l'entreprise utilisera ses ressources dans le but d'atteindre ses objectifs.

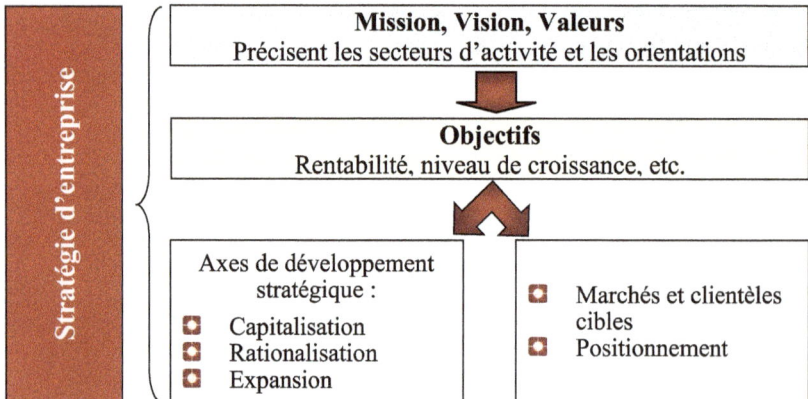

LA STRATÉGIE D'ENTREPRISE

LES STRATÉGIES : POURQUOI?	<ul><li>Proposent une vision à long terme.</li><li>Fournissent un support à la décision.</li><li>Apportent un système de contrôle.</li><li>Instaurent un système de communication et de coordination.</li><li>Aident l'entreprise à s'ajuster aux changements.</li></ul>
LES CARACTÉRISTIQUES D'UNE BONNE STRATÉGIE	<ul><li>Réduit l'incertitude.</li><li>Permet de tirer profit de ses compétences distinctes.</li><li>Propose une vision d'avenir.</li><li>Fournit un encadrement clair.</li><li>Améliore la position concurrentielle future de l'entreprise.</li></ul>
LES TROIS ÉLÉMENTS FONDAMENTAUX DE LA STRATÉGIE	<ul><li>La mission, la vision et les valeurs.</li><li>Les objectifs.</li><li>Les segments cibles et le positionnement.</li></ul>

MISSION, VISION ET VALEURS

- **Mission** : description de la nature fondamentale de l'entreprise, de sa raison d'être.
- **Vision** : vue à long terme de ce que l'entreprise veut être.
- **Valeurs** : reflètent la culture de l'entreprise et orientent les comportements des actionnaires et des employés.
- Au besoin, la mission, la vision et les valeurs peuvent être actualisées afin de refléter le nouveau contexte commercial.

MISSION, VISION ET VALEURS : L'EXEMPLE DE *LA CORDÉE*

LA CORDÉE

Mission en 2001

« La Cordée, *à travers son réseau de magasins, propose une gamme complète de services et de produits reliés aux activités de plein air telles que le vélo, la randonnée pédestre, le camping, l'escalade, les sports nautiques et le ski de randonnée.* »

Mission actualisée en 2008

☐ Emphase sur les vêtements et sur l'émotion plutôt que sur l'énumération des types d'activités.

« La Cordée *propose une gamme complète de* vêtements et d'équipement *permettant au débutant jusqu'à l'expert de* vivre pleinement *des activités de plein air et de loisir.* »

Vision en 2001

« *Être un chef de file dans le domaine du plein air en s'appuyant sur l'expertise et l'engagement de notre personnel pour :*
☐ *Répondre aux besoins de tous, du débutant à l'expert ;*
☐ *Offrir une expérience de magasinage unique ;*
☐ *Supporter les initiatives de développement du plein air.* »

Vision actualisée en 2008

☐ Importance plus grande de l'implication au sein de la communauté.

« *Être un chef de file dans le domaine du plein air en s'appuyant sur l'expertise et l'engagement de son personnel et en restant près de sa clientèle et de sa communauté.* »

Valeurs en 2001

Guidés par une volonté d'agir de manière éthique, avec intégrité et dans le respect de l'environnement :
☐ *Nous proposons des services et des produits de qualité ;*
☐ *Nous sommes soucieux de satisfaire notre clientèle ;*
☐ *Nous encourageons l'apprentissage et la pratique des activités de plein air ;*
☐ *Nous traitons nos clients, employés et partenaires avec respect et équité ;*
☐ *Nous visons l'efficacité et l'innovation dans notre approche commerciale.*

Valeurs actualisées en 2008

☐ Ajout de valeurs reflétant la responsabilité sociale;

Guidés par une volonté d'agir de manière éthique, avec intégrité et dans le respect de l'environnement :
☐ *Nous sommes soucieux du bien-être et du confort de notre clientèle dans ses moments d'évasion ;*
☐ *Nous vivons et partageons notre passion pour les activités de plein air ;*
☐ *Nous encourageons l'apprentissage et la pratique des activités de plein air ;*
☐ *Nous investissons dans le développement de la jeunesse et de la communauté du plein air ;*
☐ *Nous traitons clients, employés et partenaires avec respect, équité, honnêteté et transparence ;*
☐ *Nous valorisons le maintien de liens durables avec nos partenaires et la communauté ;*
☐ *Nous prenons fierté à participer au développement de l'économie locale;*
☐ *Nous encourageons le respect de la nature et de l'environnement ;*
Nous mettons en valeur les produits qui respectent les principes de développement durable.

Source : www.lacordee.com

LES OBJECTIFS

Les énoncés	Des exemples
☐ Clairs ☐ Précis ☐ Mesurables	☐ Accroître la part de marché à 18 % ☐ Augmenter les ventes de 5 % ☐ Ouvrir trois magasins au Québec ☐ Augmenter le taux de notoriété à 65 %

CLIENTÈLES CIBLES ET POSITIONNEMENT

Stratégie marketing de l'enseigne → Positionnement → Marchés et clientèles cibles → Mix de détail

LE POSITIONNEMENT

Le positionnement permet de se différencier de ses concurrents.

LE POSITIONNEMENT

Définition	◻ Les perceptions, les émotions et les attitudes des clients face aux attributs du magasin. ◻ Évaluation que font les clients des attributs du magasin.
Objectifs	◻ Amener les clients à percevoir l'enseigne d'une façon précise. ◻ Différencier l'enseigne en mettant l'accent sur un ou des bénéfices (facteur de choix) pour le client.
Les deux règles de base	◻ Identifier les attributs importants pour les consommateurs. ◻ Promouvoir un nombre limité d'attributs.
Avantages des concurrents	◻ Perception des clients des différentes enseignes. ◻ Attentes des clients.

IDENTIFICATION DES ATTRIBUTS IMPORTANTS :
UN EXEMPLE

Quels sont les principaux critères que vous considérez dans l'achat de vêtements? (Cochez par ordre d'importance)

❑   Style   ❑   Durabilité   ❑   Confort

❑   Qualité   ❑   Coupe

Pour chacun des attributs suivants, dites-moi l'importance que vous leur accordez dans le choix d'un magasin en général :

	Très important					Peu important
Prix	7	6	5	4	3	2	1
Service au comptoir-caisse	7	6	5	4	3	2	1
Variété des produits	7	6	5	4	3	2	1
Etc.	7	6	5	4	3	2	1

Le prix, le service et la variété des lignes de produits sont trois attributs permettant de positionner les types de magasins.

POSITIONNEMENT ET TYPE DE MAGASIN

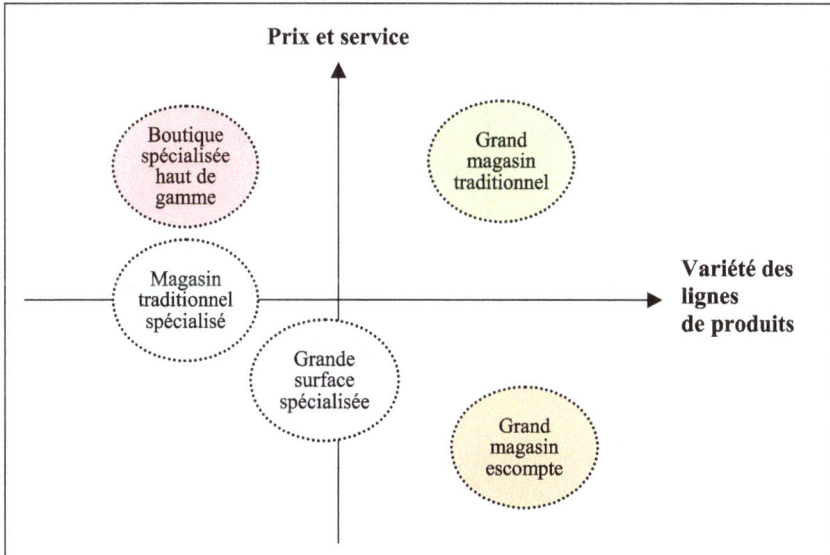

ILLUSTRATION DU
POSITIONNEMENT D'UN MAGASIN

Quels sont les attributs qui distinguent ces deux points de vente?

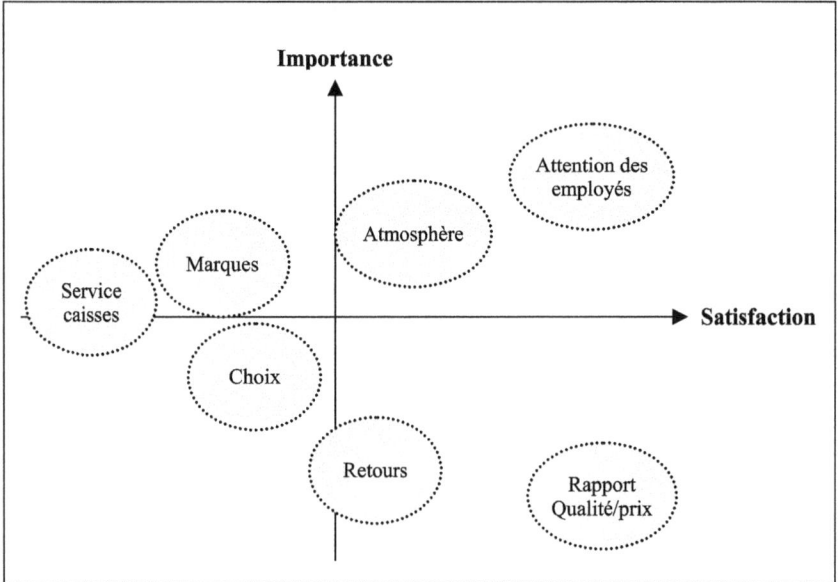

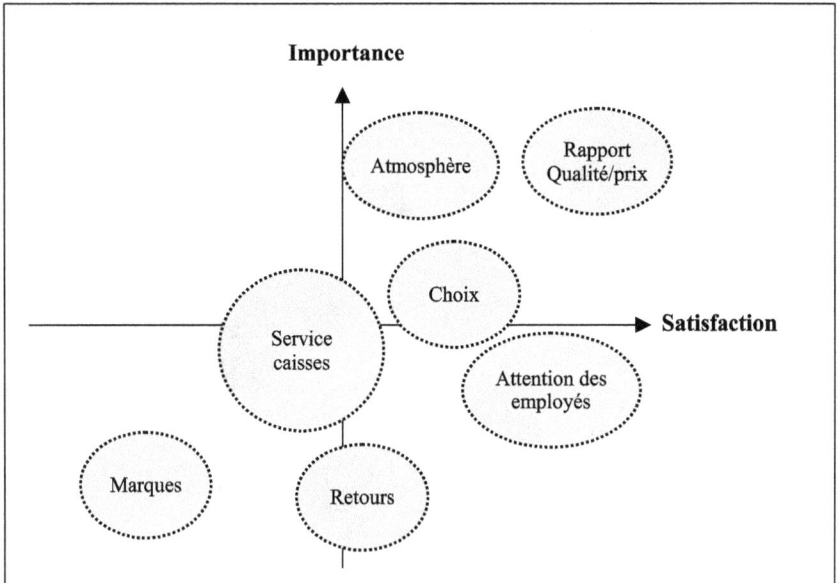

SECTION 2.4
LE CAS *DESERRES*

ÉTUDE DE CAS

Informations sur l'entreprise

- 1908 : Omer DeSerres fonda sa propre quincaillerie
- 1950 : Introduction d'une section beaux-arts
- 1975 : La quincaillerie se transforme en magasin beaux-arts
- 1986 : Début de l'expansion par des acquisitions
- 1990-aujourd'hui : Déploiement du concept de grande surface et de diversification des produits

L'offre

- Beaux-arts
- Arts graphiques
- Loisirs créatifs
- Création de bijoux
- Adhésifs décoratifs
- Scrapbooking
- Encadrement
- Livres
- Activités pour enfants

Mission

Offrir des produits qui permettent aux gens de développer leur créativité.

Vision

Se démarquer comme leader au Canada sur le marché des beaux-arts et des loisirs créatifs.

Valeurs

- Collaboration
- Loyauté
- Engagement
- Découverte
- Développement de soi (clients et employés) par la créativité

Le positionnement : des beaux-arts aux loisirs créatifs

La référence en beaux-arts et en produits de loisirs créatifs.

Analyse de l'environnement externe et interne

Forces

- Originalité et diversité des produits
- Forte notoriété au Québec
- Rapport qualité/prix
- Expertise création
- Boutique en ligne
- Marque *DeSerres*
- Réseau de magasins
- Service à la clientèle

Faiblesses

- Faible notoriété à l'extérieur du Québec

Opportunités

- Club créatif
- Marché virtuel
- Segment enfants

Menaces

- Nouveaux concurrents sur le marché québécois
- Augmentation des coûts de l'énergie ;
- Diminution du budget discrétionnaire des consommateurs

NOTES

MODULE 3

LA STRATÉGIE
FINANCIÈRE

Section 3.1 :   La dimension financière de la stratégie
                 commerciale

Section 3.2 :   Les ratios financiers

Section 3.3 :   Les indicateurs de performance

La gestion d'un commerce de détail requiert des expertises variées, que ce soit en marketing, en approvisionnement, en gestion des opérations, en gestion des ressources humaines, en droit ou en finances. Ce module fait le lien entre la stratégie marketing, qui vise à créer de l'achalandage et des ventes, et la stratégie financière, dont l'objet est de créer un rendement intéressant pour les actionnaires. Les principaux ratios sont couverts.

LA STRATÉGIE FINANCIÈRE

OBJECTIFS DU MODULE

- Comprendre le lien entre la stratégie financière et la stratégie marketing.

- Connaître les variables qui affectent la rentabilité d'une entreprise.

CONNAISSANCES

- La stratégie financière

- Le cycle financier

- Les ratios financiers

- Les indicateurs de performance

RAPPEL : LA DÉMARCHE STRATÉGIQUE

L'analyse de la situation financière fait partie du diagnostic interne de l'entreprise qui mène à l'élaboration du plan stratégique.

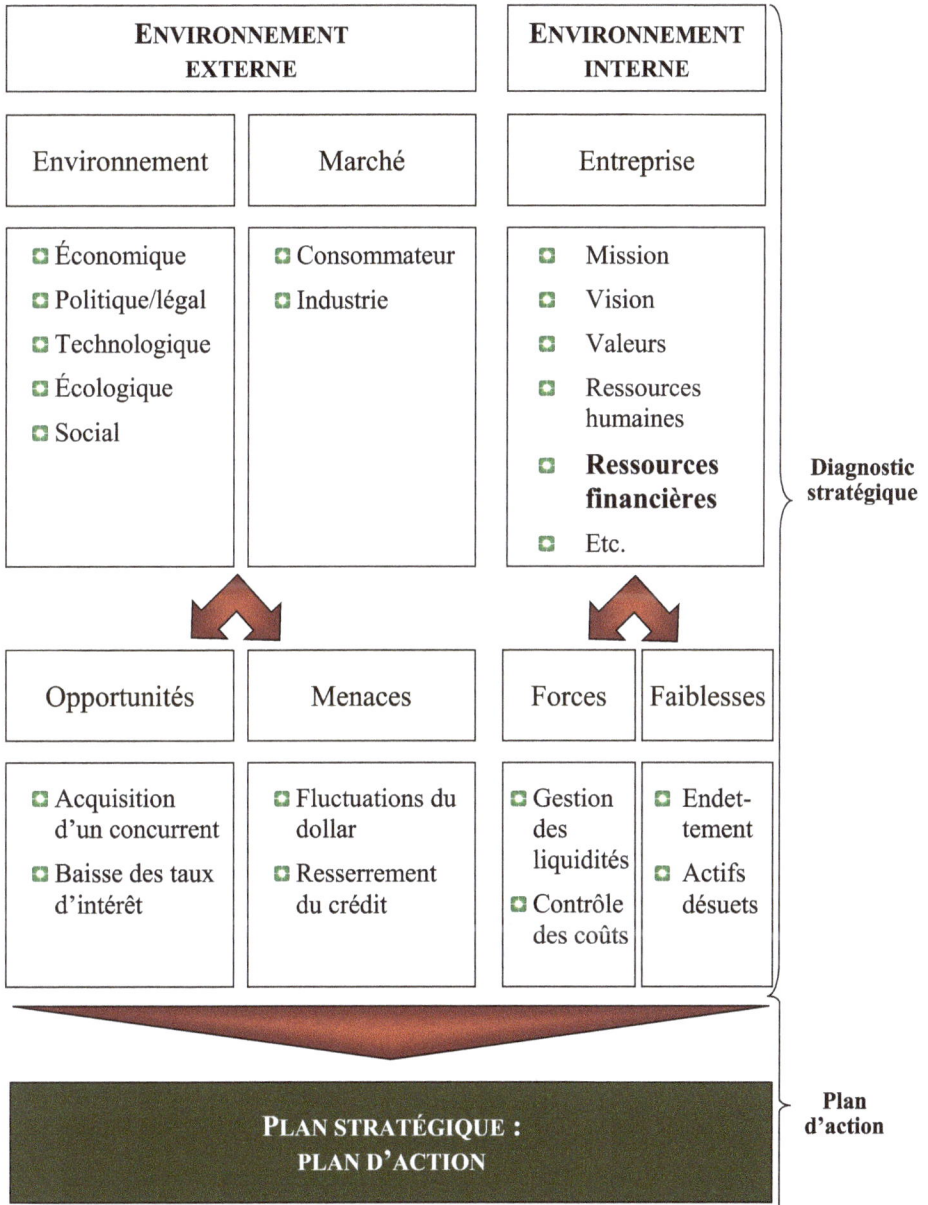

ENVIRONNEMENT EXTERNE		ENVIRONNEMENT INTERNE	
Environnement	Marché	Entreprise	
<ul><li>Économique</li><li>Politique/légal</li><li>Technologique</li><li>Écologique</li><li>Social</li></ul>	<ul><li>Consommateur</li><li>Industrie</li></ul>	<ul><li>Mission</li><li>Vision</li><li>Valeurs</li><li>Ressources humaines</li><li>**Ressources financières**</li><li>Etc.</li></ul>	
Opportunités	Menaces	Forces	Faiblesses
<ul><li>Acquisition d'un concurrent</li><li>Baisse des taux d'intérêt</li></ul>	<ul><li>Fluctuations du dollar</li><li>Resserrement du crédit</li></ul>	<ul><li>Gestion des liquidités</li><li>Contrôle des coûts</li></ul>	<ul><li>Endet- tement</li><li>Actifs désuets</li></ul>

Diagnostic stratégique

PLAN STRATÉGIQUE : PLAN D'ACTION

Plan d'action

SECTION 3.1
LA DIMENSION FINANCIÈRE DE LA STRATÉGIE COMMERCIALE

La performance en termes de part de marché n'est pas suffisante pour décrire la performance d'une entreprise!
Il faut une conciliation entre les objectifs marketing et financiers.

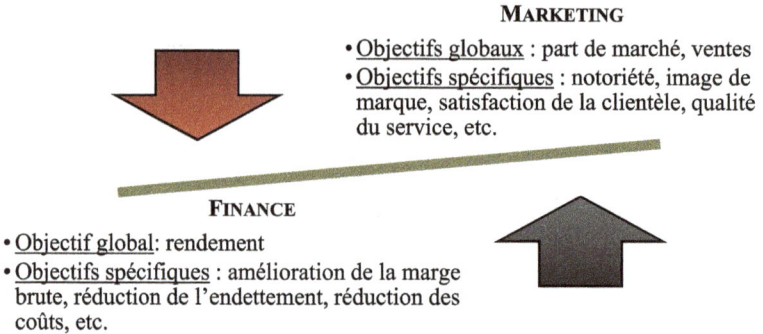

MARKETING
- Objectifs globaux : part de marché, ventes
- Objectifs spécifiques : notoriété, image de marque, satisfaction de la clientèle, qualité du service, etc.

FINANCE
- Objectif global: rendement
- Objectifs spécifiques : amélioration de la marge brute, réduction de l'endettement, réduction des coûts, etc.

🔲 Comment allouer de façon optimale les ressources aux différents postes budgétaires?

🔲 Comment déterminer si les stratégies donnent des résultats acceptables?

L'INTERDÉPENDANCE
DES STRATÉGIES COMMERCIALES ET FINANCIÈRES

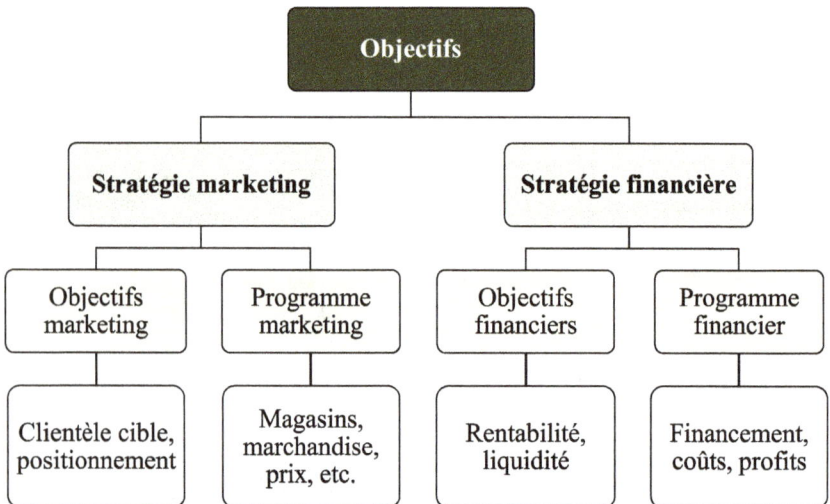

Objectifs

Stratégie marketing — **Stratégie financière**

Objectifs marketing	Programme marketing	Objectifs financiers	Programme financier
Clientèle cible, positionnement	Magasins, marchandise, prix, etc.	Rentabilité, liquidité	Financement, coûts, profits

Source : Adapté de Davidson W.R., Sweeney D.J. et Stampfl R.W., *Retailing Management*, New York, Wiley, 6ᵉ édition, 1988

**RELATION
MARKETING-FINANCE**

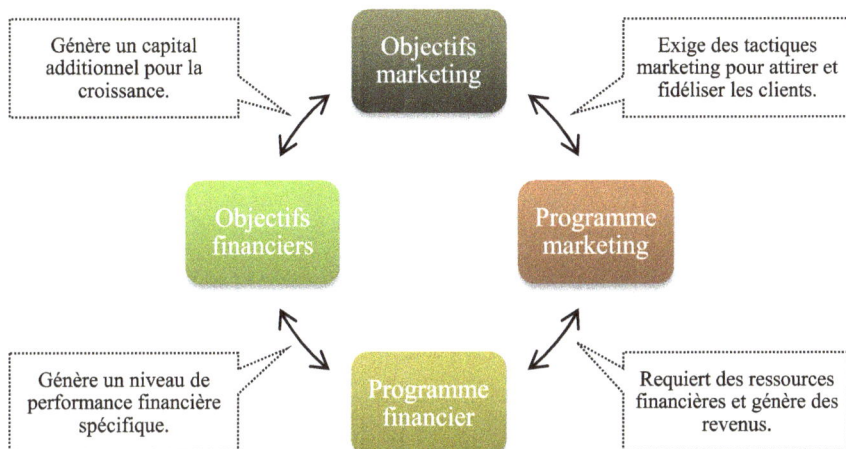

| Génère un capital additionnel pour la croissance. | **Objectifs marketing** | Exige des tactiques marketing pour attirer et fidéliser les clients. |

Objectifs financiers

Programme marketing

| Génère un niveau de performance financière spécifique. | **Programme financier** | Requiert des ressources financières et génère des revenus. |

Source : Adapté de Davidson W.R., Sweeney D.J. et Stampfl R.W., *Retailing Management*, New York, Wiley, 6ᵉ édition, 1988

**LIEN ENTRE LES DÉCISIONS FINANCIÈRES
ET CELLES DU MARKETING**

Retail is detail

- Les opérations d'un commerce de détail comportent une foule de petits détails à exécuter chaque jour.
- Chaque décision qui relève de la finance, du marketing ou d'un autre département peut donc avoir un impact considérable sur la rentabilité de l'entreprise pour une période donnée.

LA STRATÉGIE FINANCIÈRE

Objectifs financiers	<ul><li>Profit net avant taxes.</li><li>Profit exprimé en % des ventes.</li><li>Retour sur investissement (ROI).</li></ul>
Programme financier	En lien avec les ratios du :<ul><li>Levier financier ;</li><li>Taux de rotation des actifs ;</li><li>Marge nette.</li></ul>

Optimisation du programme financier

Les ressources de l'entreprise étant limitées, il est tout indiqué de prioriser les actions qui auront le plus d'impact sur la rentabilité de l'entreprise :

- Acquisition/location d'un site
- Frais d'ouverture de nouveaux points de vente
- Achat d'inventaires
- Achat d'équipements
- Activités de formation
- Activités promotionnelles
- Actualisation du site Internet
- Achats de logiciels
- Etc.

Les objectifs financiers et marketing orientent la répartition des ressources de l'entreprise entre les différents postes budgétaires.

Les décisions financières se reflètent dans les états financiers :

- Ventes
- Coûts et dépenses
- Actifs/dettes
- Investissements
- Liquidités
- Profits

LE CYCLE FINANCIER

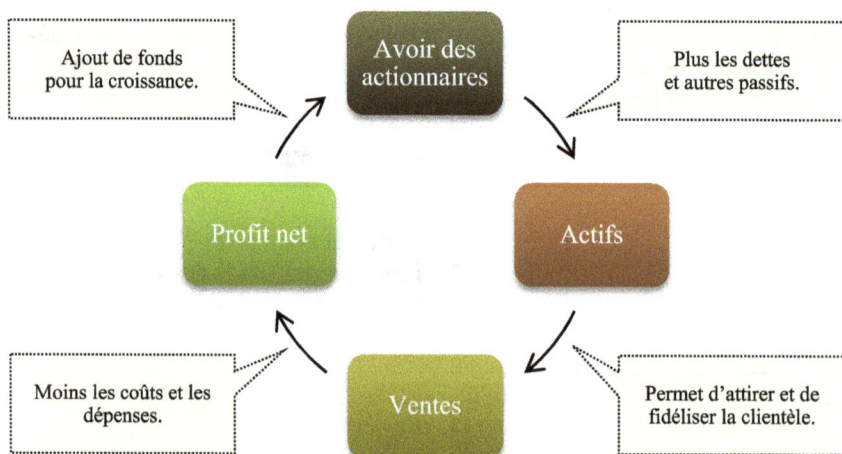

Source : Adapté de Davidson W.R., Sweeney D.J. et Stampfl R.W., *Retailing Management*, New York, Wiley, 6ᵉ édition, 1988

LE CYCLE FINANCIER :
LES RATIOS

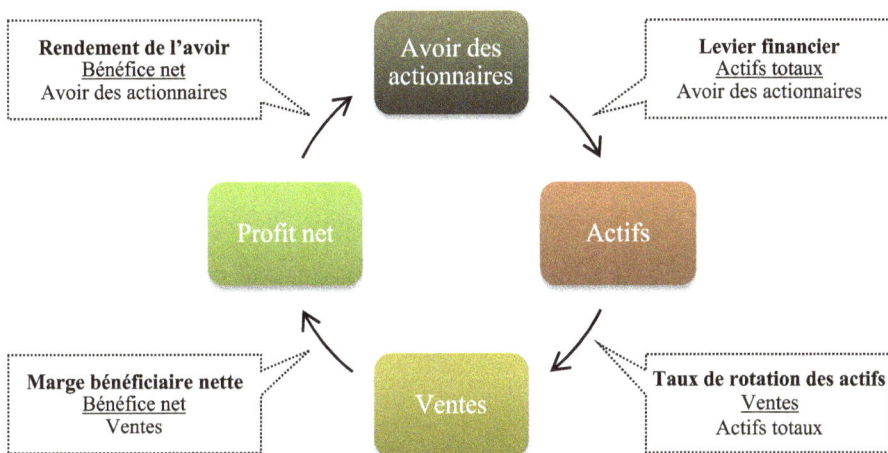

Rendement de l'avoir
Bénéfice net
Avoir des actionnaires

Avoir des actionnaires

Levier financier
Actifs totaux
Avoir des actionnaires

Profit net

Actifs

Marge bénéficiaire nette
Bénéfice net
Ventes

Ventes

Taux de rotation des actifs
Ventes
Actifs totaux

Source : Adapté de Davidson W.R., Sweeney D.J. et Stampfl R.W., *Retailing Management*, New York, Wiley, 6ᵉ édition, 1988

Ratios financiers
et indicateurs de performance

Suivre les indicateurs de performance :

- ☐ Les opérations d'un commerce de détail comportent une foule de petits détails qui influencent la performance de l'entreprise ;

- ☐ Les marges bénéficiaires nettes pour plusieurs secteurs varient entre 2 % et 6 %. Ce qui laisse peu de marge d'erreur.

- ☐ Il est donc crucial de se donner des repères pour valider l'efficacité de la gestion et des opérations. Les ratios financiers et les indicateurs de performance sont utiles à cette fin.

Un suivi périodique des principaux indicateurs de performance est nécessaire afin d'orienter les décisions à court et à long terme.

LE MODÈLE
FINANCIER

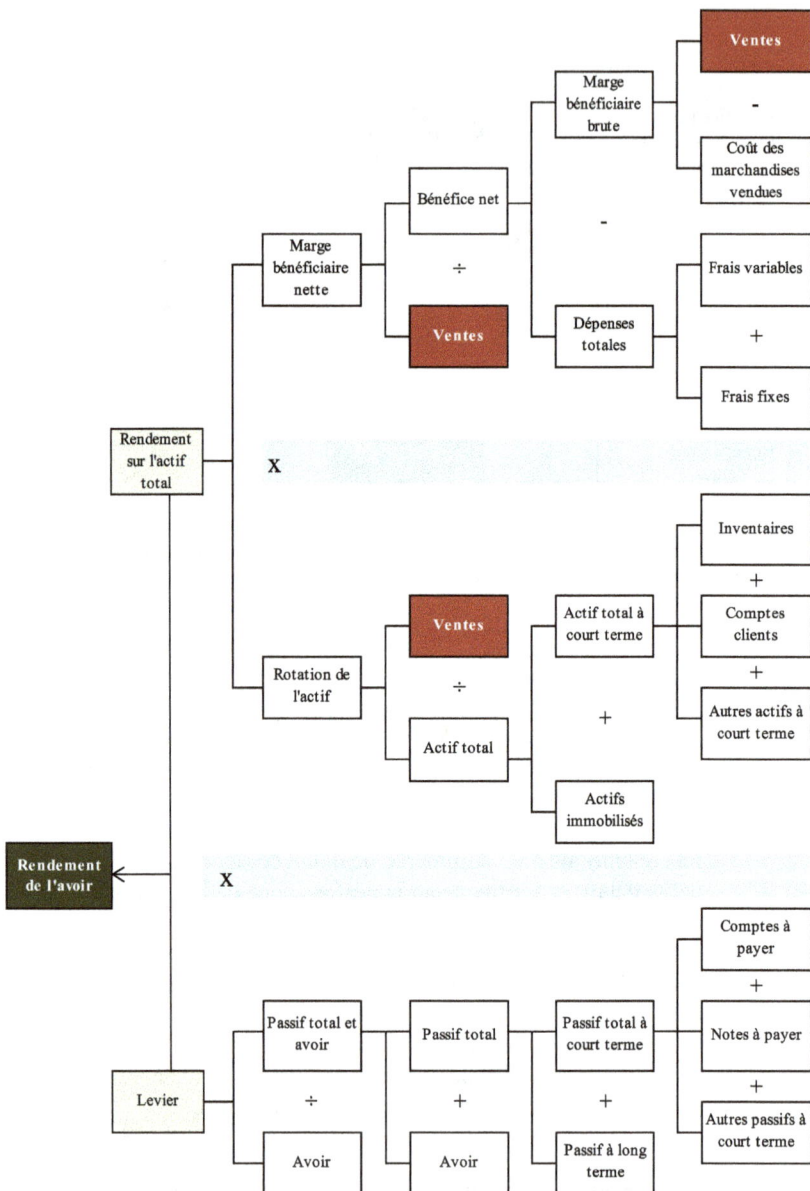

Ventes

-

Coût des
marchandises
vendues

Marge
bénéficiaire
brute

Bénéfice net

Frais variables

÷

+

-

Ventes

Frais fixes

Marge
bénéficiaire
nette

Dépenses
totales

X

Inventaires

+

Comptes
clients

Rendement
sur l'actif
total

Ventes

Actif total à
court terme

+

÷

Autres actifs à
court terme

Rotation de
l'actif

Actif total

+

Actifs
immobilisés

X

Comptes à
payer

Rendement
de l'avoir

+

Notes à payer

Passif total et
avoir

Passif total

Passif total à
court terme

+

Autres passifs à
court terme

Levier

÷

+

+

Avoir

Avoir

Passif à long
terme

Source : Adapté de Davidson W.R., Sweeney D.J. et Stampfl R.W., *Retailing Management*, New York, Wiley, 6e édition, 1988

SECTION 3.2
LES RATIOS FINANCIERS

Rendement de l'avoir des actionnaires

Mesure le profit réalisé par $ investi par les actionnaires.

$$\frac{\text{Bénéfice net}}{\text{Avoir des actionnaires}}$$

Rendement de l'actif total

Mesure le profit réalisé par $ investi par les actionnaires et les créanciers.

$$\frac{\text{Bénéfice net}}{\text{Actif total}}$$

Mesure le volume de ventes en $ généré par $ d'actifs.		Mesure le profit net généré par $ de ventes.
Taux de rotation des actifs	×	Marge bénéficiaire nette
$\dfrac{\text{Ventes nettes}}{\text{Actifs}}$		$\dfrac{\text{Profit net}}{\text{Ventes nettes}}$

Rendement de l'avoir

Le rendement sur l'avoir des actionnaires dépend de trois ratios de base.

Il mesure les bénéfices générés par l'avoir.

Rendement de l'avoir	=	Marge bénéficiaire nette	×	Rotation de l'actif	×	Levier financier
$\dfrac{\text{Bénéfice net}}{\text{Avoir}}$	=	$\dfrac{\text{Bénéfice net}}{\text{Ventes}}$	×	$\dfrac{\text{Ventes}}{\text{Actif total}}$	×	$\dfrac{\text{Actif total}}{\text{Avoir}}$

Marge bénéficiaire nette

Mesure les bénéfices générés par $ de ventes.

$$\frac{\text{Bénéfice net}}{\text{Ventes}}$$

Rotation de l'actif

Mesure les $ de ventes générés par $ d'actifs.

$$\frac{\text{Ventes}}{\text{Actif total}}$$

Levier financier

Mesure les $ d'actifs totaux supportés par $ investi par les actionnaires.

$$\frac{\text{Actifs totaux}}{\text{Avoir}} = \frac{\text{Passif total} + \text{Avoir}}{\text{Avoir}}$$

UN EXEMPLE

- ◘ Ventes   2 500 000 $
- ◘ Bénéfice net   75 000 $
- ◘ Actif total   1 125 000 $
- ◘ Avoir   450 000 $

Rendement de l'avoir	=	Marge nette	×	Rotation de l'actif	×	Levier
$\dfrac{\text{Bén. net}}{\text{Avoir}}$	=	$\dfrac{\text{Bén. net}}{\text{Ventes}}$	×	$\dfrac{\text{Ventes}}{\text{Actif total}}$	×	$\dfrac{\text{Actif total}}{\text{Avoir}}$
$\dfrac{75\ 000\ \$}{450\ 000\ \$}$	=	$\dfrac{75\ 000\ \$}{2\ 500\ 000\ \$}$	×	$\dfrac{2\ 500\ 000\ \$}{1\ 125\ 000\ \$}$	×	$\dfrac{1\ 125\ 000\ \$}{450\ 000\ \$}$
16,7 %	=	3 %	×	2,22 %	×	2,5 %

Ratios acceptables

20 %				2,5 %		2 %

MODÈLE STRATÉGIQUE DE GESTION DES RESSOURCES

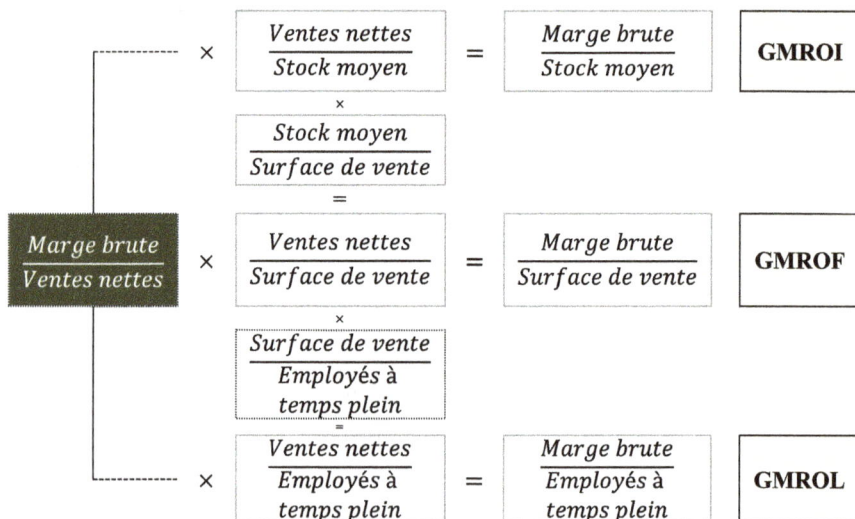

		$\dfrac{\text{Ventes nettes}}{\text{Stock moyen}}$	=	$\dfrac{\text{Marge brute}}{\text{Stock moyen}}$	GMROI

$$\times$$

$$\dfrac{\text{Stock moyen}}{\text{Surface de vente}}$$

$$=$$

$\dfrac{\text{Marge brute}}{\text{Ventes nettes}}$ × $\dfrac{\text{Ventes nettes}}{\text{Surface de vente}}$ = $\dfrac{\text{Marge brute}}{\text{Surface de vente}}$ GMROF

$$\times$$

$$\dfrac{\text{Surface de vente}}{\text{Employés à temps plein}}$$

$$=$$

$\dfrac{\text{Ventes nettes}}{\text{Employés à temps plein}}$ = $\dfrac{\text{Marge brute}}{\text{Employés à temps plein}}$ GMROL

GMROI : Rendement de l'investissement dans le stock.
GMROF : Rendement de la surface de vente.
GMROL : Rendement des employés à temps plein.

Ces ratios permettent de déterminer des objectifs de rendement.

Source : Gaulin, Michel, *Marchandisage, Aménagement d'un commerce*, Gaëtan Morin Éditeur, 2007, 307 pages

SECTION 3.3
LES INDICATEURS DE PERFORMANCE

LES PRINCIPAUX INDICATEURS

Ventes	▣ Ventes totales et par magasin. ▣ Ventes au pied carré. ▣ Nombre de transactions totales par magasin. ▣ Transaction moyenne.
Marges	▣ Marges brutes en $ et en %. ▣ Marge bénéficiaire nette.
Stocks	▣ Taux de rotation des stocks.
Dépenses	▣ Dépenses publicité sur les ventes. ▣ Dépenses salaires des employés sur les ventes. ▣ Dépenses bénéfices marginaux des employés sur les ventes.

VENTES TOTALES

▣ Annuelles totales.
▣ Par période : mois, semaine, jour, heure.
▣ Par magasin.
▣ Par catégorie de produits (voir module 5).

Les tendances dans les ventes permettent de constater comment la clientèle réagit à nos actions. Connaître l'évolution des ventes ne suffit pas. Il faut aussi connaître les composantes de croissance ou de décroissance.

LES TROIS
COMPOSANTES DES VENTES

| Trafic | × | Taux de conversion | × | Transaction moyenne |

- Trafic : nombre de visiteurs.
- Taux de conversion : nombre de transactions ÷ nombre de visites.
- Transaction moyenne : ventes ÷ nombre de transactions.

Les tactiques permettant d'augmenter chacune de ces variables ont un effet direct sur les ventes.

Exemple :
en faisant varier chacune de ces variables de 15 %,
les ventes totales augmentent de 50 %.

Trafic	×	Taux de conversion	×	Transaction moyenne	=	Ventes
1850	×	28 %	×	35 $	=	18 130 $
2128	×	32 %	×	40 $	=	27 238 $

VENTES
AU PIED CARRÉ

| Ventes | ÷ | Nombre de pieds carrés |

- Indique la performance de l'utilisation de l'espace physique.

- Permet de comparer la performance de :
  - différents magasins d'une même chaîne ;
  - différents types de magasins ;
  - différentes périodes.

VENTES
PAR EMPLOYÉ

| Ventes | ÷ | Nombre d'heures travaillées |

- Indique la performance du personnel de vente.

MARGE BRUTE
EN $ ET EN %

$	=	Prix de vente	−	Prix d'achat

%	=	Marge brute en $	÷	prix de vente × 100

Exemple

- Prix de vente : 18,99 $
- Prix d'achat : 9,55 $

Marge brute en $:	9,44 $	=	18,99 $ − 9,55 $
Marge brute en % :	49,7 %	=	9,44 $ ÷ 18,99 $ × 100

MARGE NETTE
EN $ ET EN %

$	=	Prix de vente	−	Prix d'achat	−	Frais d'exploitation

%	=	Marge nette en $	÷	Prix de vente	×	100

Exemple

- Prix de vente : 18,99 $
- Prix d'achat : 9,55 $
- Frais d'exploitation : 8,20 $

Marge nette en $:	1,24 $	=	18,99 $ − 9,55 $ − 8,20 $
Marge brute en % :	6,53 %	=	1,24 $ ÷ 18,99 $ × 100

MARGES ET BÉNÉFICES : VARIATION SELON LES SECTEURS

Les marges reflètent la structure de coûts et l'efficacité de la gestion et des opérations. Par exemple, les marges brutes des boutiques spécialisées sont plus élevées que celles des magasins de marchandises diverses en raison des coûts plus élevés au pied carré (service personnalisé, aménagement, localisation), mais peuvent varier d'un magasin à l'autre en raison de l'efficacité de la gestion de chaque magasin.

MARGE BRUTE ET BÉNÉFICES D'EXPLOITATION POUR LE COMMERCE DE DÉTAIL, DONNÉES PAR SECTEUR, CANADA, 2008 ET 2009

Groupe de commerce	Marge brute				Bénéfices d'exploitation			
	2008		2009		2008		2009	
	en M $	en % du revenu	en M $	en % du revenu	en M $	en % du revenu	en M $	en % du revenu
Concessionnaires d'automobiles neuves	12 065,9	14,9	11 393,2	15,6	1 505,7	1,9	1 451,2	2
Concessionnaires de véhicules automobiles d'occasion, de plaisance et de pièces	5 853,5	25,7	5 478,2	26,5	765,8	3,4	697,3	3,4
Stations-service	8 494,2	15,7	7 039,7	15,7	3 198,8	5,9	2 450,5	5,5
Magasins de meubles	4 012,5	40	3 767,7	39,7	435,9	4,3	398,3	4,2
Magasins d'accessoires de maison	2 626,5	44,6	2 490,1	45,2	289,2	4,9	294,9	5,4
Magasins d'ordinateurs et de logiciels	593,3	28,1	536,1	27,7	34,8	1,6	38,8	2
Magasins d'appareils électroniques et d'électroménagers	4 121,2	29,7	3 828,7	29,3	670,5	4,8	570,8	4,4
Centres de rénovation et quincailleries	6 630,3	30,3	6 624,8	30,6	713,1	3,3	769	3,6
Magasins de matériaux de construction spécialisés et de jardinage	2 464,6	36,7	2 419,1	36,6	285,8	4,3	243,6	3,7
Supermarchés	16 972,5	23,4	17 952,6	23,8	1 423,3	2	1 631,8	2,2
Dépanneurs et magasins d'alimentation spécialisés	3 882,8	27,9	3 835,7	27,8	454,4	3,3	509,3	3,7
Magasins de bières, de vins et de spiritueux	7 301,3	43,5	7 597,5	43,6	4 785,1	28,5	5 052,6	29
Pharmacies et magasins de produits de soins personnels	10 471,4	32,8	10 729,9	32,3	1 494,9	4,7	1 340,1	4
Magasins de vêtements	9 522,1	51,2	9 426,9	50,7	1 411,8	7,6	1 291,2	6,9
Magasins de chaussures, d'accessoires vestimentaires et bijouteries	3 135,8	51	3 087,2	49,9	525,9	8,5	436,4	7,1
Magasins de marchandises diverses	14 296,9	27,2	14 102,5	26,6	2 755,2	5,2	2 781,1	5,3
Magasins d'articles de sport, de passe-temps, de musique et les librairies	4 463,9	37,8	4 469,9	38,1	468,3	4	480,5	4,1
Magasins de détail divers	5 223,6	42,5	5 008,3	42,2	696,8	5,7	582,2	4,9
Total	122 132,4	26,9	119 788,1	27,4	21 915,2	4,8	21 019,5	4,8

Source : Statistique Canada, Catalogue 63-270-X, dernières mises à jour 29-03-2011

ROTATION
DES STOCKS

La rotation des stocks peut se calculer de deux façons, soit à partir des ventes ou à partir du coût des marchandises vendues.

Rotation des stocks	=	Ventes	÷	Inventaire moyen ($ au prix de détail)

Rotation des stocks (en $)	=	Coût des marchandises vendues	÷	Inventaire moyen ($ au coûtant)

Exemple

Ventes		599 000 $
Inventaire moyen ($ prix détail)		74 875 $
Taux de rotation	8 =	599 000 $ ÷ 74 875 $
Jours de rotation	45,6 =	365 ÷ 8
Coût des marchandises vendues		419 300 $
Inventaire moyen ($ coûtant)		52 412 $
Taux de rotation	8 =	419 300 $ ÷ 52 412 $
Jours de rotation	45,6 =	365 ÷ 8

EXERCICE

À la fin de l'exercice final terminé le 31 mai 2011, le réseau de franchises d'un grossiste en produits pharmaceutiques a déclaré des ventes au détail de 953,8 millions de dollars, une augmentation de 11 % par rapport à l'année précédente. Du coup, le bénéfice net du grossiste a crû de 52 % et a atteint 28 millions de dollars.

	2011 (million $)	2010 (million $)
Ventes au détail	953,8	859,3
Marge bénéficiaire brute	172	162
Bénéfice net	28	18,4

1.   D'après les chiffres, quels facteurs ont le plus contribué à l'amélioration de la performance de l'entreprise?

2.   En 2011, le rendement sur l'avoir des actionnaires était de 23 % et le levier financier de 1,3 alors qu'en 2010, le rendement sur l'avoir des actionnaires était de 20 % et le levier financier de 1,2. À partir du modèle stratégique de rentabilité, calculez le rendement sur l'actif total et le taux de rotation de l'actif total pour 2010 et 2011 et commentez ces ratios.

NOTES

NOTES

MODULE 4

CONSOMMATEURS
ET FIDÉLISATION

Section 4.1 :   Les consommateurs

Section 4.2 :   La fidélisation

Les différents secteurs du commerce de détail se caractérisent par des marchés très concurrentiels et par des taux de croissance modestes. Dans ce type de marchés, pour demeurer concurrentiel, il est indispensable de bien connaître les tendances de consommation, les comportements des consommateurs et le profil de sa clientèle.

CONSOMMATEURS ET FIDÉLISATION

OBJECTIFS DU MODULE

◻ Connaître les variables qui déterminent les comportements de magasinage.

◻ Comprendre le concept de fidélisation.

CONNAISSANCES

◻ Le comportement du consommateur

◻ Les profils générationnels

◻ Les variables cognitives qui influencent les choix d'enseigne

◻ La fidélisation

SECTION 4.1
LES CONSOMMATEURS

LE PROCESSUS
DE DÉCISION

Le type d'achat influence
la longueur du processus de décision.

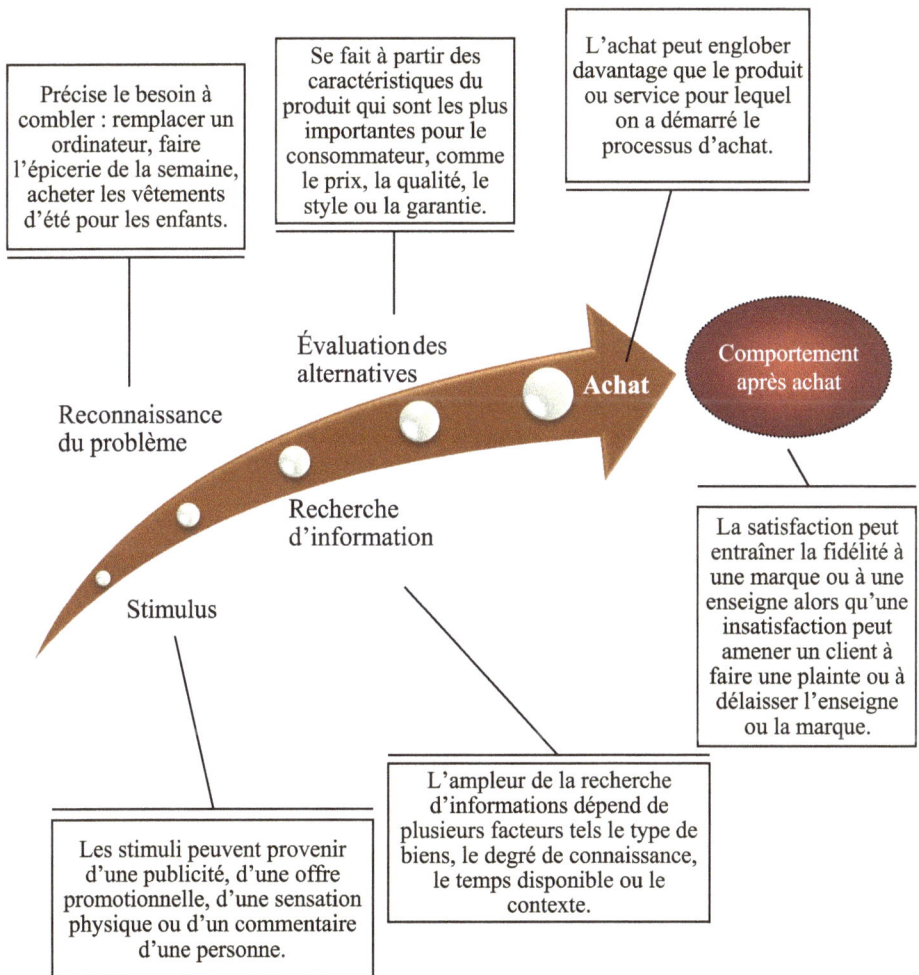

Se fait à partir des
caractéristiques du
produit qui sont les plus
importantes pour le
consommateur, comme
le prix, la qualité, le
style ou la garantie.

L'achat peut englober
davantage que le produit
ou service pour lequel
on a démarré le
processus d'achat.

Précise le besoin à
combler : remplacer un
ordinateur, faire
l'épicerie de la semaine,
acheter les vêtements
d'été pour les enfants.

Évaluation des
alternatives

Achat

Comportement
après achat

Reconnaissance
du problème

Recherche
d'information

Stimulus

La satisfaction peut
entraîner la fidélité à
une marque ou à une
enseigne alors qu'une
insatisfaction peut
amener un client à
faire une plainte ou à
délaisser l'enseigne
ou la marque.

Les stimuli peuvent provenir
d'une publicité, d'une offre
promotionnelle, d'une sensation
physique ou d'un commentaire
d'une personne.

L'ampleur de la recherche
d'informations dépend de
plusieurs facteurs tels le type de
biens, le degré de connaissance,
le temps disponible ou le
contexte.

COMPORTEMENTS DE MAGASINAGE :
PLUSIEURS VARIABLES À CONSIDÉRER

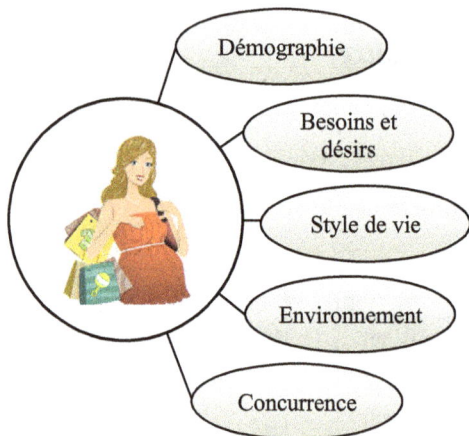

- Démographie
- Besoins et désirs
- Style de vie
- Environnement
- Concurrence

Les caractéristiques démographiques d'un ménage influencent ses besoins, ses valeurs, son style de vie et ses préférences : âge et scolarité des membres, revenu.

Les variables de l'environnement et la concurrence définissent le contexte commercial et affectent les choix des consommateurs.

LE PROFIL DES CONSOMMATEURS
INFLUENCE LEURS PRÉFÉRENCES

À titre d'exemple, un sondage réalisé par *Ipsos* à l'automne 2008 indique que ce sont surtout les femmes, les personnes âgées de 55 ans et plus et les gens ayant un revenu annuel de 100 000 $ et plus qui estiment que les marques sont garantes d'une meilleure qualité.

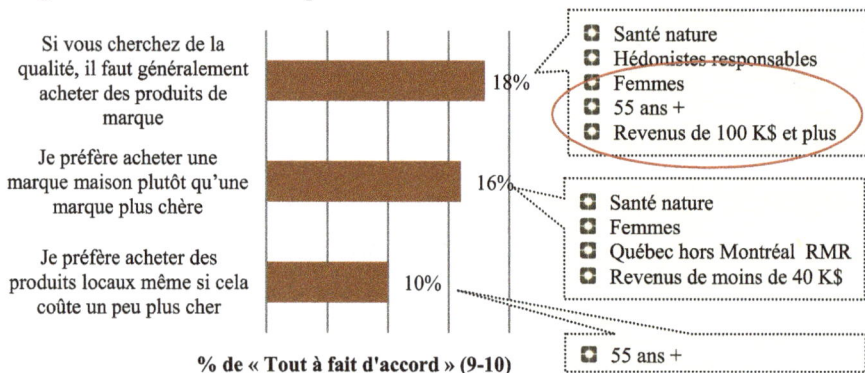

Si vous cherchez de la qualité, il faut généralement acheter des produits de marque — 18%

Je préfère acheter une marque maison plutôt qu'une marque plus chère — 16%

Je préfère acheter des produits locaux même si cela coûte un peu plus cher — 10%

% de « Tout à fait d'accord » (9-10)

- Santé nature
- Hédonistes responsables
- Femmes
- 55 ans +
- Revenus de 100 K$ et plus

- Santé nature
- Femmes
- Québec hors Montréal RMR
- Revenus de moins de 40 K$

- 55 ans +

Source : Ipsos, automne 2008

LES GÉNÉRATIONS :
DES VALEURS DIFFÉRENTES

Chaque génération est exposée dans son enfance, son adolescence et sa jeune vie adulte à des environnements socio-économiques différents. Ces contextes de vie influencent leurs valeurs et leurs comportements.

POIDS DÉMOGRAPHIQUE DES GÉNÉRATIONS

	Baby-boomers (1946 et 1964)		Génération X (1965 à 1976)	Génération Y (1977 à 1987)	Génération C (1988 à 1996)
	Early boomers (1946 à 1953)	Génération Jones (1954 à 1964)			
X = 7 979 663 (2011)	2 194 228 **27,5 %**		1 289 514 **16,2 %**	1 188 676 **14,9 %**	901 704 **11,3 %**
	807 531 **10,1 %**	1 386 697 **17,4 %**			
En 2011	58 à 65 ans	47 à 57 ans	35 à 46 ans	24 à 34 ans	15 à 23 ans
Motivations	❏ Préoccupation santé-sécurité	❏ Recherche de performance	❏ Faire valoir ses droits	❏ Recherche d'un style de vie ❏ Fixe les règles	❏ L'expression de soi-même
Valeurs	❏ Altruisme : à l'écoute de ses besoins et de ceux des autres	❏ Responsabilité et implication	❏ Autonomie	❏ Recherche de l'équilibre entre travail /famille/ loisirs	❏ Se raconter, se démarquer
Technologie	❏ Ont élaboré les bases du développement des technologies actuelles ❏ Utilisation restreinte à leurs besoins	❏ Ont connu les premiers PC ❏ Utilisation partielle de la technologie	❏ Les enfants du *Nintendo* ❏ Aisance avec la technologie	❏ Ont connu l'avènement de l'Internet ❏ Familiarité avec la technologie	❏ Nés avec l'Internet et connaissent l'avènement de la mobilité. ❏ La technologie comme moyen d'expression

LA GÉNÉRATION C

La génération C (C pour *connected*) regroupe les individus qui étaient âgés de 15 à 23 ans en 2011. Cette génération familière avec les technologies présente de nouveaux défis aux commerçants.

- Les jeunes de cette génération utilisent les technologies depuis toujours. Cette utilisation a façonné leurs comportements, même lorsqu'ils ne sont pas en contact avec des technologies :

  - La plupart n'ont pas encore débuté leur « carrière ». Par contre, ils sont présents à temps partiel dans le commerce de détail et la restauration.

- Ils exigent un feedback aller-retour très rapide.

- Faible sentiment de propriété sur leur contenu (le leur et celui des autres). Partagent facilement leurs opinions, leurs contenus.

- Impacts comme clients :

  - Génèrent eux-mêmes des informations, appréciations, promotions ou critiques des produits et services ;

  - Font beaucoup de recherches sur les produits avant d'acheter. En connaissent souvent plus sur le produit que le vendeur ;

  - Achètent souvent impulsivement (virtuel = irréel) ;

  - Génèrent beaucoup d'annulations de transactions ;

  - Aiment donner leur opinion et la partager. Favorables aux sondages.

Source : Tiré du Colloque CEFRIO 2009 de deux jours sur la Génération C, octobre 2009, generationc.cefrio.qc.ca

LE COMPORTEMENT D'ACHAT DES QUÉBÉCOIS

Deux vecteurs clés.

Aspect hédonique

Aspect économique

ASPECT ÉCONOMIQUE

L'IMPORTANCE DU PRIX ET DU REVENU

Y = revenu
P_a = prix de a
P_b = prix de b

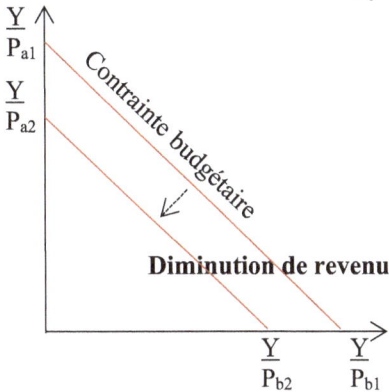

Contrainte budgétaire

Diminution de revenu

Lorsque le revenu diminue, le pouvoir d'achat diminue.

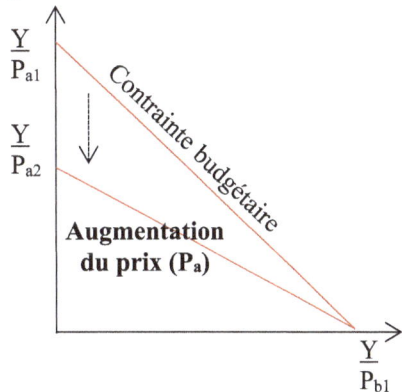

Contrainte budgétaire

Augmentation du prix (P_a)

Lorsque le prix d'un bien augmente, le pouvoir d'achat diminue.

CONTEXTE ÉCONOMIQUE ET COMPORTEMENT D'ACHAT : UN EXEMPLE

Question: La récession (crise économique) peut avoir un impact sur les habitudes alimentaires des gens. En pensant à votre situation personnelle, veuillez indiquer dans quelle mesure vous êtes en accord avec chacun des énoncés suivants.

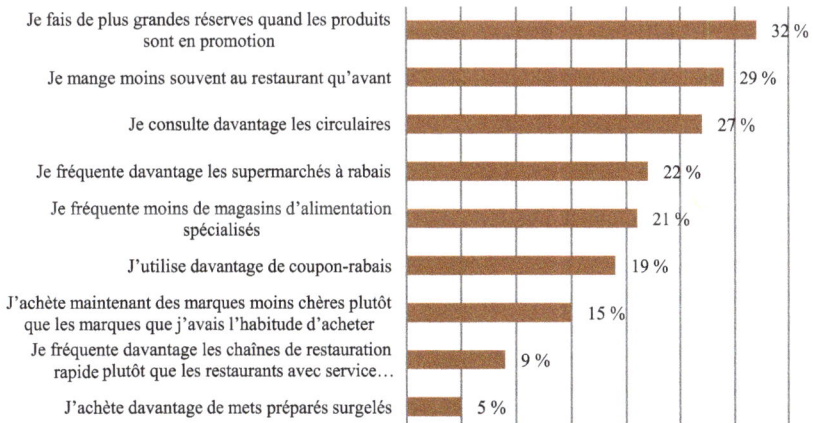

Énoncé	%
Je fais de plus grandes réserves quand les produits sont en promotion	32 %
Je mange moins souvent au restaurant qu'avant	29 %
Je consulte davantage les circulaires	27 %
Je fréquente davantage les supermarchés à rabais	22 %
Je fréquente moins de magasins d'alimentation spécialisés	21 %
J'utilise davantage de coupon-rabais	19 %
J'achète maintenant des marques moins chères plutôt que les marques que j'avais l'habitude d'acheter	15 %
Je fréquente davantage les chaînes de restauration rapide plutôt que les restaurants avec service…	9 %
J'achète davantage de mets préparés surgelés	5 %

% de « Tout à fait d'accord » (9-10)

Source : Ipsos, automne 2008

91

ASPECT HÉDONISTE

IMPORTANCE DE L'EXPÉRIENCE

- L'aspect hédoniste des comportements d'achat est relié à la recherche du plaisir et de la satisfaction chez les consommateurs.

- Cette propension à la recherche du plaisir dépend des préférences et des valeurs des consommateurs ainsi que du contexte d'achat.

- Importance de l'expérience en magasin et du service client.

CONNAÎTRE LES COMPORTEMENTS DES CONSOMMATEURS

Il est important de connaître les différents aspects du comportement du consommateur pour élaborer ou apporter des ajustements au plan marketing.

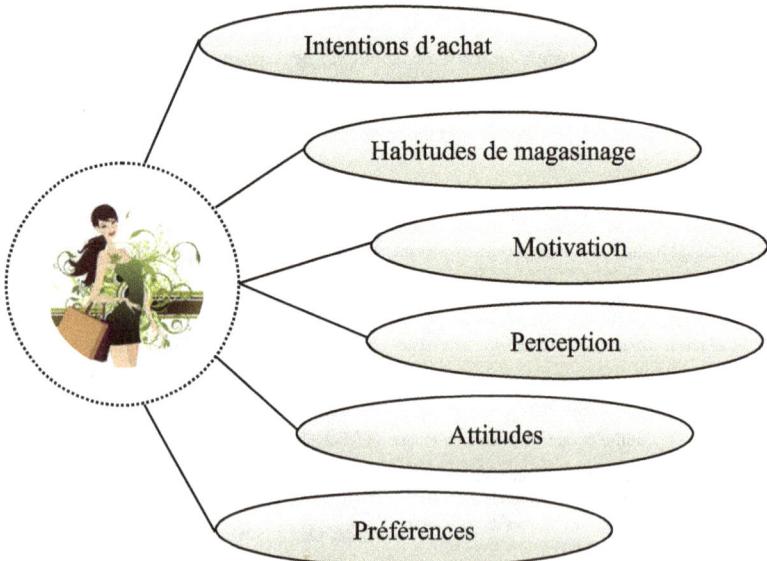

Intentions d'achat

Habitudes de magasinage

Motivation

Perception

Attitudes

Préférences

LES INTENTIONS
D'ACHAT

◘ Les intentions d'achat peuvent varier d'une période à l'autre, comme le démontre l'étude sur les intentions réalisée par le *Groupe Altus*.

◘ L'intention d'achat est mesurée par la différence entre ceux qui anticipent dépenser plus et ceux qui anticipent dépenser moins.

BILAN DES INTENTIONS D'ACHAT
SELON LE TYPE DE PRODUITS ET DE SERVICES

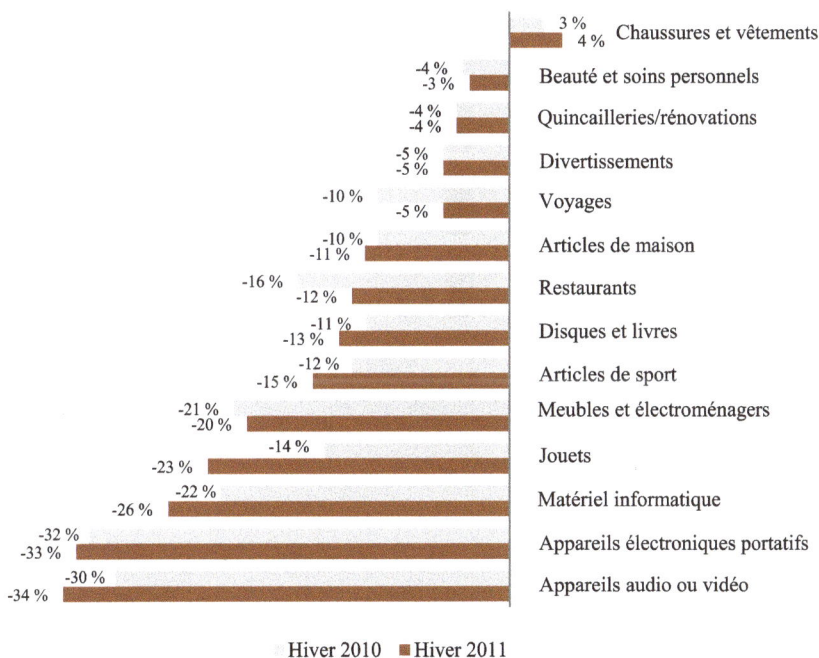

Catégorie	Hiver 2010	Hiver 2011
Chaussures et vêtements	3 %	4 %
Beauté et soins personnels	-4 %	-3 %
Quincailleries/rénovations	-4 %	-4 %
Divertissements	-5 %	-5 %
Voyages	-10 %	-5 %
Articles de maison	-10 %	-11 %
Restaurants	-16 %	-12 %
Disques et livres	-11 %	-13 %
Articles de sport	-12 %	-15 %
Meubles et électroménagers	-21 %	-20 %
Jouets	-14 %	-23 %
Matériel informatique	-22 %	-26 %
Appareils électroniques portatifs	-32 %	-33 %
Appareils audio ou vidéo	-30 %	-34 %

Hiver 2010 ■ Hiver 2011

Source : Étude réalisée en mars 2011 auprès de 1 002 répondants par le Groupe Altus Recherche Marketing et le CQCD

◘ Tout comme en 2010, les consommateurs québécois indiquaient, en mars 2011, avoir l'intention de diminuer leurs dépenses de consommation pour 2011.

◘ Pour tous les types de biens (à l'exception des chaussures et des vêtements), la proportion de répondants qui prévoyaient diminuer leurs achats était plus importante que celle des répondants qui prévoyaient les augmenter.

HABITUDES
DE MAGASINAGE

Parmi les énoncés suivants, lequel correspond le mieux à votre attitude lorsque vous effectuez vos achats du temps des fêtes?

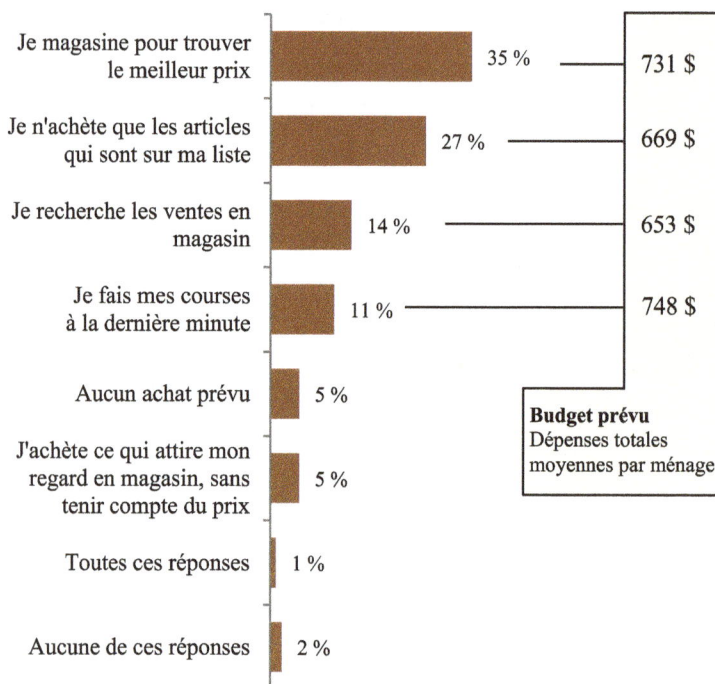

		Budget prévu
Je magasine pour trouver le meilleur prix	35 %	731 $
Je n'achète que les articles qui sont sur ma liste	27 %	669 $
Je recherche les ventes en magasin	14 %	653 $
Je fais mes courses à la dernière minute	11 %	748 $
Aucun achat prévu	5 %	
J'achète ce qui attire mon regard en magasin, sans tenir compte du prix	5 %	
Toutes ces réponses	1 %	
Aucune de ces réponses	2 %	

Budget prévu
Dépenses totales
moyennes par ménage

Source : Étude réalisée en octobre 2011 auprès de 1 002 répondants par le Groupe Altus Recherche Marketing

- Près des deux tiers des Québécois (62 %) recherchent le meilleur prix ou n'achètent que les articles qui sont sur leur liste lorsque vient le temps des achats des fêtes.

- En 2011, cette proportion était légèrement plus élevée que celle observée en 2010 (59 %).

- En 2011, 5 % des Québécois prévoyaient ne faire aucun achat pour les fêtes.

- Les Québécois qui ont affirmé faire leurs courses à la dernière minute affichent une dépense totale moyenne supérieure.

LIEUX ET TYPES D'ACHAT

Parmi les lieux de magasinage suivants, dans lequel pré-voyez-vous effectuer la majeure partie de vos achats de cadeaux de Noël?

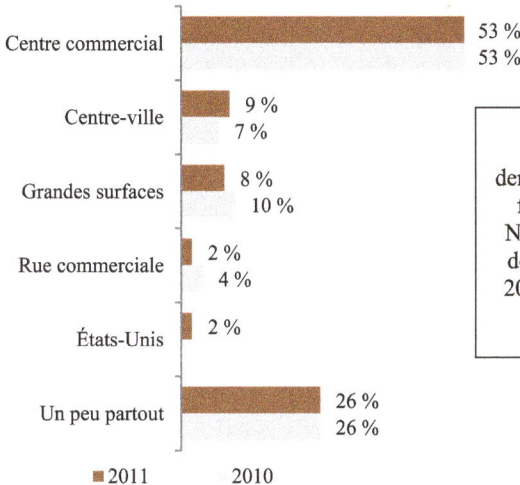

Lieu	2011	2010
Centre commercial	53 %	53 %
Centre-ville	9 %	7 %
Grandes surfaces	8 %	10 %
Rue commerciale	2 %	4 %
États-Unis	2 %	
Un peu partout	26 %	26 %

■ 2011   2010

> Le centre commercial demeure de loin l'endroit le plus fréquenté pour les achats de Noël puisque plus de la moitié des Québécois prévoyaient en 2011 y effectuer la majorité de leurs achats de Noël.

Source : Étude réalisée par le Groupe Altus Recherche Marketing en octobre 2011 auprès de 1 002 répondants. La question fut posée à ceux qui prévoyaient effectuer des achats pour les fêtes.

Prévoyez-vous effectuer un ou des achats de cadeaux de Noël sur Internet?

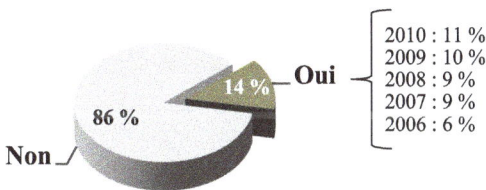

86 % Non
14 % Oui

2010 : 11 %
2009 : 10 %
2008 : 9 %
2007 : 9 %
2006 : 6 %

> Bien qu'en augmenta-tion, l'achat de cadeaux sur Internet demeure, somme toute, un phénomène marginal.

Source : Étude réalisée par le Groupe Altus Recherche Marketing en octobre 2011 auprès de 1 002 répondants. La question fut posée à ceux qui prévoyaient effectuer des achats pour les fêtes.

**Sur quels sites Internet prévoyez-vous effectuer des achats
pour vos cadeaux de Noël?**
(Réponses multiples, en % des répondants)

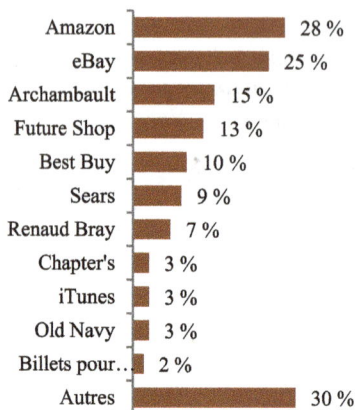

Site	%
Amazon	28 %
eBay	25 %
Archambault	15 %
Future Shop	13 %
Best Buy	10 %
Sears	9 %
Renaud Bray	7 %
Chapter's	3 %
iTunes	3 %
Old Navy	3 %
Billets pour…	2 %
Autres	30 %

> Les sites Web les plus populaires sont *Amazon* et *eBay*. Viennent ensuite *Archambault* et *Future Shop/Best Buy*.

Source : Étude réalisée par le Groupe Altus Recherche Marketing en octobre 2011 auprès de 1 002 répondants. La question fut posée à ceux qui prévoyaient effectuer des achats sur Internet pour Noël.

UTILISATION DES CIRCULAIRES, CATALOGUES ET SITES WEB

**De façon générale, vous arrive-t-il souvent, à l'occasion,
rarement ou jamais de consulter des (…) pour planifier vos
achats de Noël?**

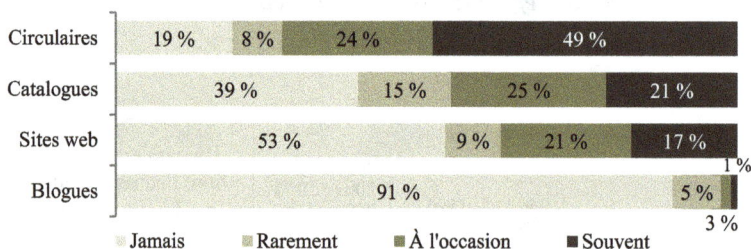

	Jamais	Rarement	À l'occasion	Souvent
Circulaires	19 %	8 %	24 %	49 %
Catalogues	39 %	15 %	25 %	21 %
Sites web	53 %	9 %	21 %	17 %
Blogues	91 %	5 %	1 %	3 %

Source : Étude réalisée par le Groupe Altus Recherche Marketing en octobre 2011 auprès de 1 002 répondants. La question fut posée à ceux qui prévoyaient effectuer des achats pour les fêtes.

- Les circulaires sont le moyen le plus utilisé pour la planification des achats de Noël, suivis des catalogues et des sites Internet.

- Les blogues sont un moyen très peu utilisé pour la planification des achats de Noël.

QUELQUES VARIABLES QUI INFLUENCENT LES CHOIX D'ENSEIGNE

LA MOTIVATION

- État de tension interne qui pousse l'individu à agir.
- Liée au besoin et au désir.

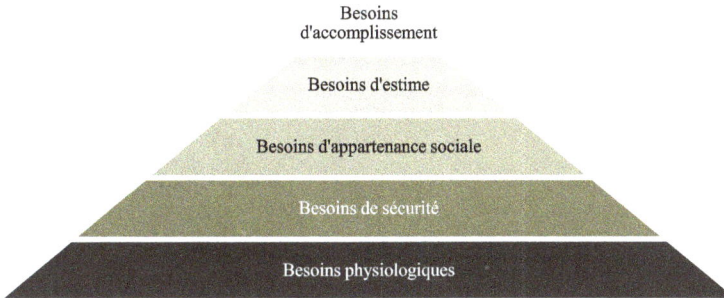

Besoins
d'accomplissement

Besoins d'estime

Besoins d'appartenance sociale

Besoins de sécurité

Besoins physiologiques

La hiérarchie des besoins de Maslow

LA PERCEPTION

- La façon dont un individu interprète un stimulus : publicité, aménagement, musique.
- Liée au sens.

Que voyez-vous?

Que pensez-vous de ces hommes?

LES ATTITUDES

Il y a trois composantes aux attitudes :

- **Cognitive** : connaissances et croyances formées à partir d'informations issues de la publicité, des commentaires d'amis ou de parents ;
- **Affective** : état émotionnel généré à la suite d'une expérience en magasin, d'un témoignage d'un client, etc. Ils peuvent être positifs ou négatifs ;
- **Comportementale** : propension à acheter.

> Les attitudes sont difficiles à modifier. Pour y parvenir, cela nécessite un effort marketing considérable.

MESURE DES MOTIVATIONS, PERCEPTIONS ET ATTITUDES

◘ Dans un environnement aussi changeant et aussi concurrentiel que celui qui caractérise le secteur du commerce de détail, il est recommandé de suivre l'évolution des comportements des consommateurs pour s'assurer de répondre à leurs attentes.

◘ Les motivations, les perceptions et les attitudes peuvent évoluer dans le temps selon les variables de l'environnement externe, comme la démographie, l'économie ou selon les actions de la concurrence.

◘ Il est important de prendre un portrait sur une base ponctuelle des comportements des consommateurs afin d'ajuster la stratégie marketing et les tactiques qui en découlent.

◘ Cela permet de diminuer les risques, mais surtout de mieux cibler l'offre, de mieux répondre aux besoins de la clientèle, et ainsi de rentabiliser l'effort marketing.

◘ Il y a différentes façons de recueillir ces informations, soit par des observations en magasins, soit par des groupes de discussion, ou par de la recherche commerciale.

◘ On peut penser que les coûts de telles recherches sont onéreux et superflus, mais le manque de suivis de sa clientèle comporte des coûts encore plus élevés difficiles à estimer.

QUESTIONS À SE POSER SUR LA CLIENTÈLE
◘ Quelles sont les caractéristiques de ma clientèle?
◘ Quelles sont les habitudes d'achat de ma clientèle?
◘ Quels sont les critères de choix d'un magasin?
◘ Quels sont les motifs qui amènent les consommateurs à fréquenter notre enseigne (les motivations)?
◘ Comment les consommateurs perçoivent : • L'entreprise? • Le niveau de prix offert? • Le niveau de service à la clientèle? • L'enseigne, les marques offertes? • L'offre par rapport à celle des concurrents?
◘ Est-ce en lien avec le positionnement désiré de l'entreprise?
◘ Que savent les clients de nous?
◘ Que ressentent-ils face à nous?
◘ Comment l'opinion que les consommateurs ont de nous influence-t-elle leur comportement et leurs achats?
◘ Quel est le degré de satisfaction des clients?
◘ Comment les consommateurs évaluent-ils l'expérience de magasinage?

CLIENTÈLES CIBLES ET SEGMENTATION

- L'identification des groupes de consommateurs qui ont des **besoins ou des intérêts identiques** permet d'établir une segmentation de la clientèle. Par exemple, les familles ayant un enfant en bas de deux ans ont des besoins différents des célibataires.

- La diversité des besoins se traduit en critères de sélection du lieu d'achat variés qui peuvent correspondre à la recherche de bas prix, de services personnalisés ou de conseils techniques, d'une grande variété de produits, etc.

- L'identification des segments du marché permet de mieux cibler l'offre et de répondre aux différents besoins et attentes de la clientèle.

- Exemple *SAQ* : sept segments qui ont des attentes variées. Par exemple, le segment *Les Conviviaux* consomment du vin avant tout dans un contexte social. Ils ont un intérêt général envers le monde du vin plutôt faible.

LES SEGMENTS DE CLIENTS DE LA *SAQ*

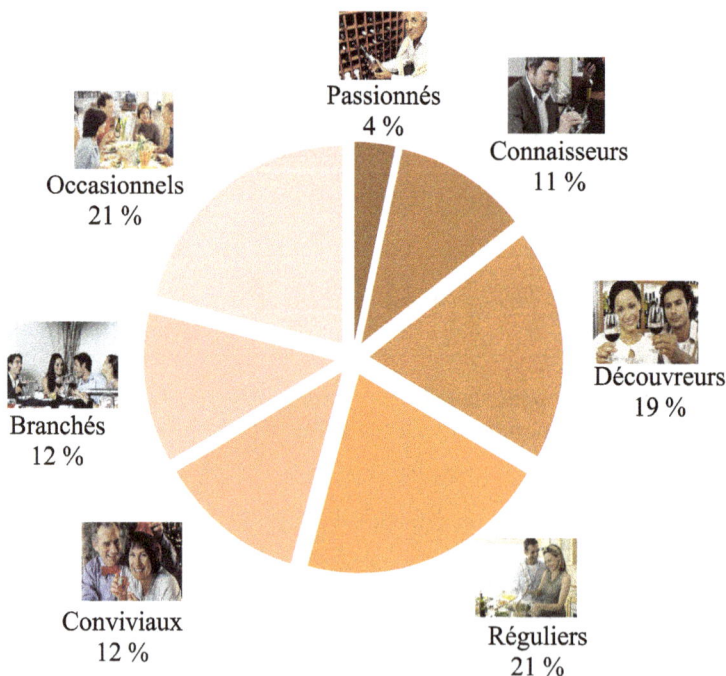

Passionnés 4 % · Connaisseurs 11 % · Découvreurs 19 % · Réguliers 21 % · Conviviaux 12 % · Branchés 12 % · Occasionnels 21 %

Source : SAQ

SECTION 4.2
LA FIDÉLISATION

QUELQUES STATISTIQUES

- 40 % de toutes les cartes *Visa/MasterCard* offrent un programme de récompenses.

- Plus de 230 millions de personnes dans le monde sont membres de programmes de grands voyageurs.

- 45 % des PME aux États-Unis et au Canada possèdent un programme de
  fidélisation *B2B*.

- Les entreprises d'Amérique du Nord perdent en moyenne la moitié de leurs clients sur cinq ans.

- Attirer de nouveaux clients coûte de 7 à 10 fois plus cher que conserver ses clients actuels :

  - Dans certains marchés, 5 % de défection (fuite) peut représenter une diminution de 25 % des profits.

Source : Frederick F. Reichheld, *The Loyalty Effect, The Hidden Force behind Growth, Profits and Lasting Value.*, Harvard Business School Press, 2011

> La mise en place de stratégies de rétention et de fidélisation de la clientèle est plus rentable à long terme.

FIDÉLISATION

Plusieurs variables contribuent à fidéliser la clientèle :

- Une localisation accessible ;
- Une sélection de produits uniques ;
- Un service personnalisé ;
- Des prix imbattables ;
- Une atmosphère chaleureuse, etc.

> Par contre, dans un contexte de forte concurrence, comme celui qui caractérise le secteur du commerce de détail actuellement, ces efforts peuvent être insuffisants pour conserver sa clientèle.

FIDÉLISATION ET RENTABILITÉ

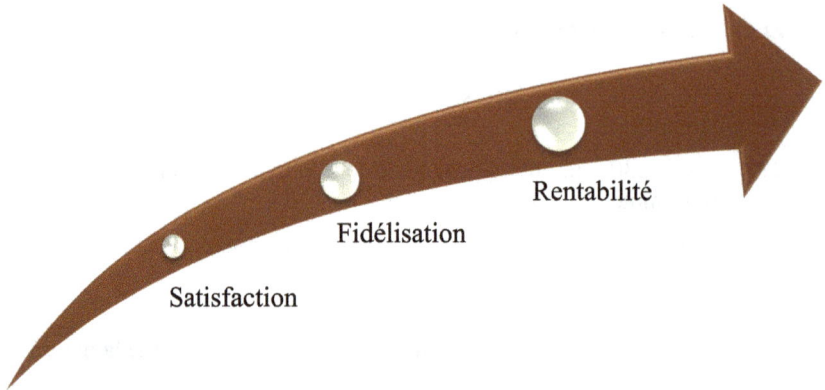

Rentabilité

Fidélisation

Satisfaction

Plusieurs concurrents ont des offres similaires et les clients bénéficient d'une grande variété de commerces pour satisfaire leurs besoins. Dans ce contexte, instaurer un programme de fidélité constitue une bonne tactique pour diminuer les fuites de clientèle, augmenter la dépense en magasin et la rentabilité.

LA FIDÉLISATION :

- Basée sur le principe que tous les clients n'ont pas le même profil d'achat.
- Pour plusieurs secteurs d'activités, une faible proportion de clients effectue une large proportion des ventes.

DANS LE SECTEUR ALIMENTAIRE

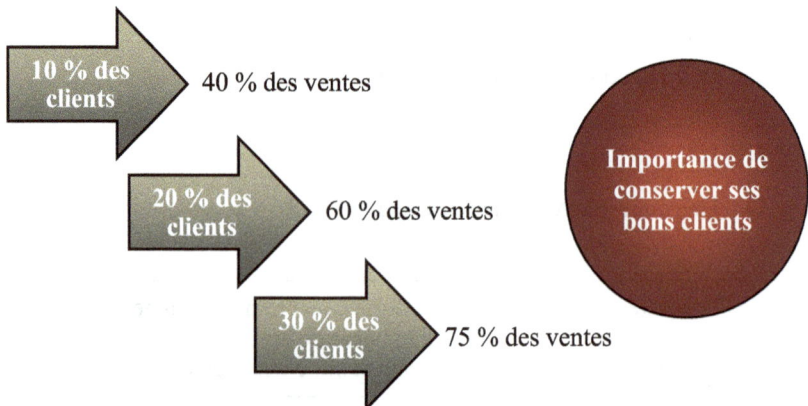

10 % des clients 40 % des ventes

20 % des clients 60 % des ventes

30 % des clients 75 % des ventes

Importance de conserver ses bons clients

PROGRAMMES
DE FIDÉLISATION

Les objectifs
de la fidélisation

- Diminuer les fuites commerciales et conserver la clientèle
- Augmenter la rentabilité de certains groupes (segments) de clients
- Remercier les meilleurs clients
- Réactiver les clients perdus
- Conserver ses clients lorsqu'un concurrent agit

Les avantages
de la fidélisation pour le détaillant

- Mieux connaître le profil et les comportements d'achat des clients
- Augmenter l'efficacité de l'effort marketing
- Diminuer la sensibilité des clients aux prix en introduisant un élément de valeur ajoutée non-copiable par la compétition
- Promouvoir les produits à plus fortes marges
- Communiquer directement avec ses clients

AUGMENTER
LA DÉPENSE TOTALE

Les programmes de fidélisation visent à augmenter la fréquence des visites et la dépense des clients. Il existe trois mesures pour évaluer la performance de ces programmes : la rétention, le *lift* et le *shift*.

Lift :

Clients primaires

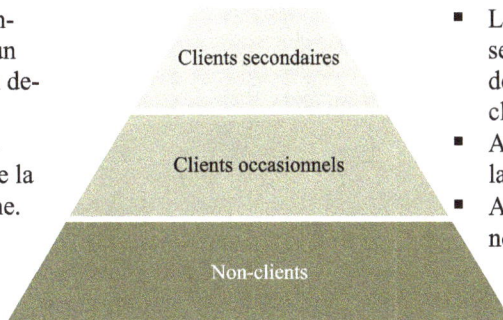

Shift :

- Les clients secondaires achètent un peu plus, tout en demeurant dans la même catégorie.
- Augmentation de la dépense moyenne.

Clients secondaires

Clients occasionnels

Non-clients

- Les clients secondaires deviennent des clients primaires.
- Augmentation de la fréquentation.
- Acquisition de nouveaux clients.

Source : Boire, R., Data Mining for Customer Loyalty, *Direct Marketing*, march 2009, http://www.boirefillergroup.com

INFORMATION
SUR LES CLIENTS

◘ L'analyse de l'information sur les clients actuels permet d'accroître l'efficacité des activités d'acquisition de nouveaux clients.

◘ Dans cette optique, les bases de données des programmes de fidélisation fournissent trois éléments d'information essentiels pour profiler la clientèle :

Recency	Plus récente transaction
Frequency	Fréquence de visites par période
Monetary	Valeur achat/transaction

LES QUESTIONS
ESSENTIELLES

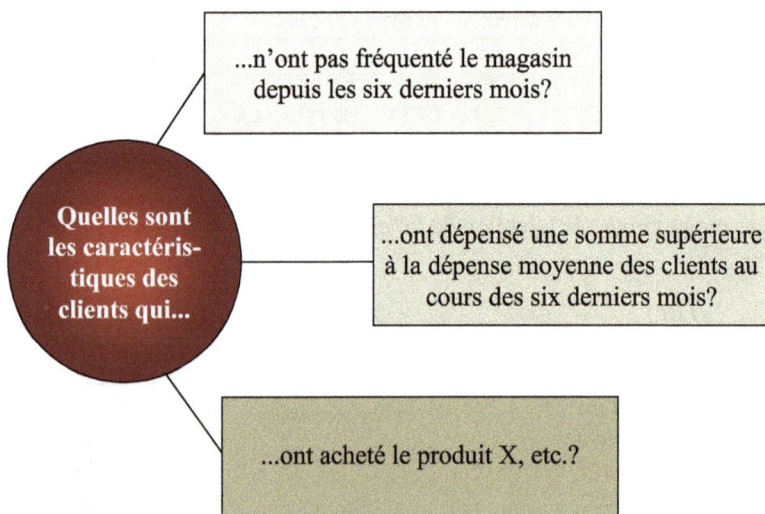

...n'ont pas fréquenté le magasin depuis les six derniers mois?

Quelles sont les caractéristiques des clients qui...

...ont dépensé une somme supérieure à la dépense moyenne des clients au cours des six derniers mois?

...ont acheté le produit X, etc.?

Les réponses à ces questions permettent de :
- mieux cibler les offres promotionnelles ;
- personnaliser les offres promotionnelles ;
- personnaliser la communication.

**CONDITIONS D'IMPLANTATION
D'UN PROGRAMME DE FIDÉLISATION**

◘ Faible différenciation de l'offre commerciale perçue par les clients.

◘ Fréquence d'achat élevée.

◘ Niveau de concurrence élevé.

◘ Coûts d'acquisition de la clientèle élevés.

◘ Sensibilité élevée aux prix de la part des clients ; une baisse de prix pouvant entraîner une guerre de prix indésirable.

**QUELQUES
EXEMPLES**

Secteur	Entreprises
Secteur des pétrolières	*Esso Extra* et *Aeroplan* *Shell* et *Air Miles* *Pétro Canada* et *PétroPoints* *Ultramar* : Positionnement de prix et utilisation des promotions
Secteur des pharmacies	*PJC* et *Air Miles* *Shoppers Drugmart*, *Pharmaprix* et *Optimum* *Uniprix* et *Aeroplan* *Proxim* et programme *Proxim Privilèges* *Familiprix* et *CAA Québec*
Secteur alimentaire	*Métro* et *Métro et moi* *IGA* et *Air Miles*

EXEMPLE :
AIR MILES **CHEZ** *SHELL* **: PROGRAMME DE COALITION**

◘ La première pétrolière à se doter d'un programme de fidélisation :
  - Produits non différenciés à faibles marges ;
  - Sensibilité élevée aux prix ;
  - Rationalisation importante du nombre de points de vente dans l'industrie.

◘ Impact de *Air Miles* :
  - Réduction du nombre d'employés au département de marketing ;
  - Diminution des $ investis en promotion ;
  - Retour sur investissement positif ;
  - Transfert de clientèle plus efficace que ses concurrents en raison du ciblage des membres *Air Miles* ;
  - Bon nombre d'initiatives promotionnelles réalisées via le programme *Air Miles* ont généré un ROI très élevé.

◘ Exemple d'initiative :
  - Le ciblage des membres *Air Miles* résidant dans un rayon de 3 km de la station, avides collectionneurs de points *Air Miles* auprès d'autres enseignes, mais qui n'accumulent pas de points à ce point de vente ;
  - Envoi d'une offre de marketing direct spécialisée : offre de milles à gagner ou le triple des milles pour les prochaines semaines ;

◘ Suivi des résultats :

% Utilisation				
utilisation	÷	Nombre d'envois	×	100

Revenus bruts totaux générés par l'offre						
% utilisation	×	Montant en $ moyen par semaine	×	Nombre de semaines	×	Marge brute moyenne

ROI				
Revenus bruts totaux générés par l'initiative	÷	Coût de l'initiative	×	100

Source : Hans Laroche, *Les évadés*

LA MISE SUR PIED DU PROGRAMME DE FIDÉLISATION :
SE POSER LES BONNES QUESTIONS

☐ Avons-nous les données nécessaires pour prendre une décision éclairée?

- Analyse des fuites commerciales :
  - o Évaluation des pertes annuelles de clients ;
  - o Estimation des ventes et des profits bruts perdus.
- Décision d'investir ou non.

Évaluation des pertes	⟷	*Montant à investir pour la mise en place du programme*

☐ Les objectifs sont-ils clairs et précis?

- Acquisition de nouvelles clientèles ;
- Rétention des clients actuels ;
- Augmentation des dépenses par client ;
- Augmentation des ventes totales.

☐ De quels types de programmes avons-nous besoin pour atteindre les objectifs?

- De quelles technologies avons-nous besoin?

☐ Quels types de programmes sont les plus appropriés (coalition ou privé)?

☐ Avons-nous réalisé une analyse de rendement? Le montant à investir pour la mise en place d'un programme est important, ne pas hésiter à consulter les experts.

NOTES

MODULE 5

ASSORTIMENT DE PRODUITS ET GESTION PAR CATÉGORIE

Section 5.1 :   L'assortiment

Section 5.2 :   La gestion par catégorie

La gestion de l'assortiment de produits représente le cœur des activités du commerce de détail. De cette gestion découlent l'attrait et la rentabilité de l'enseigne et des magasins. Ce module décrit le rôle et les types d'assortiments, et présente la gestion par catégorie comme approche de planification et de gestion de l'offre.

ASSORTIMENT DE PRODUITS ET GESTION PAR CATÉGORIE

OBJECTIFS DU MODULE

- Connaître le rôle de l'assortiment dans la stratégie commerciale.

- Comprendre l'approche de la gestion par catégorie de produits.

- Connaître les principaux indicateurs de performance d'une catégorie.

CONNAISSANCES

- Le rôle de l'assortiment
- Les vecteurs de l'assortiment
- La sélection et gestion de l'assortiment
- La gestion par catégorie
- Le processus de gestion par catégorie
- La gestion par catégorie et la technologie
- Les facteurs de succès de la gestion par catégorie

SECTION 5.1
L'ASSORTIMENT

LE RÔLE
DE L'ASSORTIMENT

⬦ La fonction première des commerçants étant d'assembler une variété de produits dans un lieu pour la vente aux consommateurs, l'assortiment est à la base de l'attrait et de la rentabilité d'un commerce de détail.

⬦ L'assortiment est une des composantes centrales du positionnement de l'enseigne.

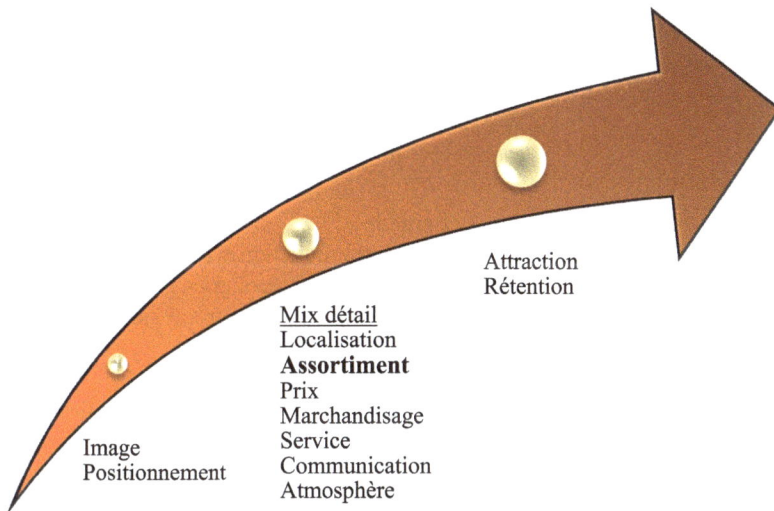

Attraction
Rétention

Mix détail
Localisation
Assortiment
Prix
Marchandisage
Service
Communication
Atmosphère

Image
Positionnement

⬦ L'assortiment doit répondre aux besoins et aux attentes de la clientèle ainsi que permettre l'atteinte d'objectifs marketing et financiers :

- Optimiser les ventes ;
- Optimiser la satisfaction des clients ;
- Optimiser la rentabilité.

DÉFINITION DE L'ASSORTIMENT	

1. L'assemblage des produits	Catégories Sous-catégories Items
2. Le niveau de la qualité des produits	☐ La qualité des produits doit être conforme aux attentes des segments visés et au positionnement du magasin. ☐ Elle affecte les marges et la rotation des produits : ▪ Les produits haut de gamme affichent habituellement des marges plus élevées et une rotation plus faible que les produits de moindre qualité.
3. La largeur et la profondeur	☐ Largeur : ▪ Nombre de lignes de produits (dans un commerce, les lignes de produits correspondent aux rayons ou aux catégories de produits offerts). ☐ Profondeur : ▪ Nombre de références (SKU) dans chaque ligne de produits. (SKU : *stock keeping unit* ou unité de gestion des stocks) ; ▪ Référence : marque, modèle, teinte, taille, saveur ou format d'un produit. Largeur : nombre de lignes Profondeur : nombre de références dans chaque ligne

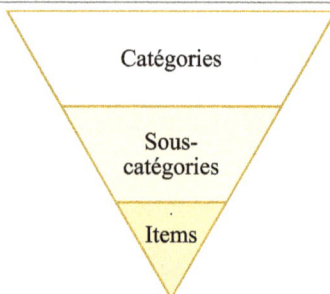

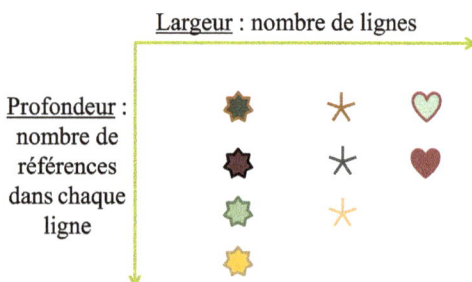

TYPES D'ASSORTIMENT

- La largeur et la profondeur définissent le type d'assortiment et affectent la structure de coûts :
  - Inventaires ;
  - Actifs nécessaires à la mise en marché : entrepôts, logiciels de gestion, activités de gestion, superficie des magasins, présentation.
- Le type d'assortiment permet d'établir une typologie des espaces de vente.

Types d'assortiment	Caractéristiques	Avantages et inconvénients
Large et profond	<ul><li>Plusieurs catégories de produits et une grande variété d'items dans chacune d'elles.</li><li>Grands magasins traditionnels : Sears, La Baie.</li></ul>	<ul><li>Attire une clientèle variée.</li><li>Trafic en magasin élevé.</li><li>One-stop shopping.</li><li>Investissement en inventaire élevé.</li><li>Plusieurs items à faible taux de rotation.</li><li>Risque de marchandise désuète.</li></ul>
Large et peu profond	<ul><li>Plusieurs catégories de produits, mais une faible variété d'items dans chacune d'elles.</li><li>Grands magasins à escompte : Wal-Mart, Target.</li></ul>	<ul><li>Attire une clientèle variée.</li><li>Trafic en magasin élevé : One-stop shopping.</li><li>Faible variété par catégorie.</li><li>Image moyenne à bas de gamme.</li><li>Plusieurs produits à faible taux de rotation.</li></ul>
Étroit et profond	<ul><li>Peu de catégories, mais une grande variété dans chacune d'elles.</li><li>Grandes surfaces spécialisées, boutiques spécialisées.</li></ul>	<ul><li>Image de spécialiste.</li><li>Bonne sélection par catégorie.</li><li>Personnel spécialisé.</li><li>Plus sensible aux tendances et aux cycles économiques.</li></ul>
Étroit et peu profond	<ul><li>Peu de catégories de produits et une faible variété dans chacune d'elles.</li><li>Dépanneurs, Dollarama.</li></ul>	<ul><li>Favorable aux achats de commodité.</li><li>Rotation des stocks élevée.</li><li>Peu de diversité.</li><li>Loyauté des clients faible.</li></ul>

Source : Adapté de : BERMAN, B et Joel R. Evans, *Retail management : a strategic approach*, Pearson, 2009

PLANIFICATION ET GESTION DE L'ASSORTIMENT

⊕ Le processus de sélection et de gestion des produits doit suivre des lignes directrices afin de :
- Répondre aux besoins des clientèles cibles ;
- Bâtir une offre cohérente et rentable ;
- Orienter et coordonner les actions des gestionnaires.

⊕ Le processus requiert une planification des activités d'approvisionnement et une coordination avec les activités marketing :

Approvisionnement	Marketing
<ul><li>Prévisions des ventes et budget des achats</li><li>Approvisionnement : commandes et livraisons aux entrepôts et aux magasins</li><li>Répartition des ressources entre les différentes catégories</li><li>Gestion des nouveautés</li></ul>	<ul><li>Identification des besoins et des segments</li><li>Aménagement de l'espace de vente</li><li>Marchandisage</li><li>Prix</li><li>Promotions</li><li>Service</li></ul>

QUELQUES EXEMPLES DE TYPES D'ASSORTIMENT

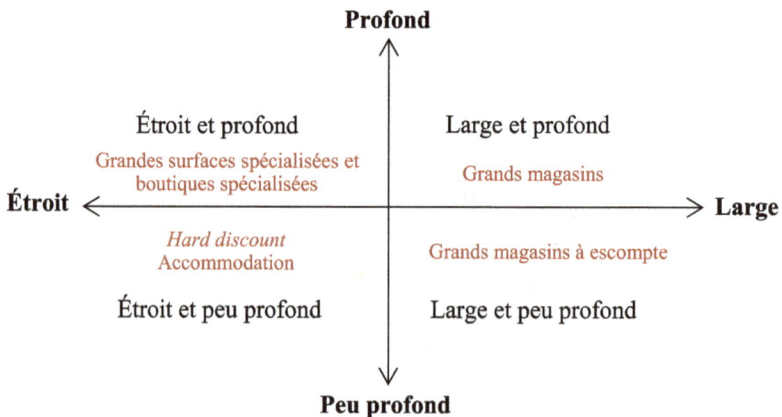

Profond

Étroit et profond
Grandes surfaces spécialisées et boutiques spécialisées

Large et profond
Grands magasins

Étroit ⟵   ⟶ Large

Hard discount
Accommodation

Grands magasins à escompte

Étroit et peu profond

Large et peu profond

Peu profond

SÉLECTION ET GESTION DE L'ASSORTIMENT

Le processus de sélection des produits qui composent l'assortiment et sa gestion comporte différentes étapes.

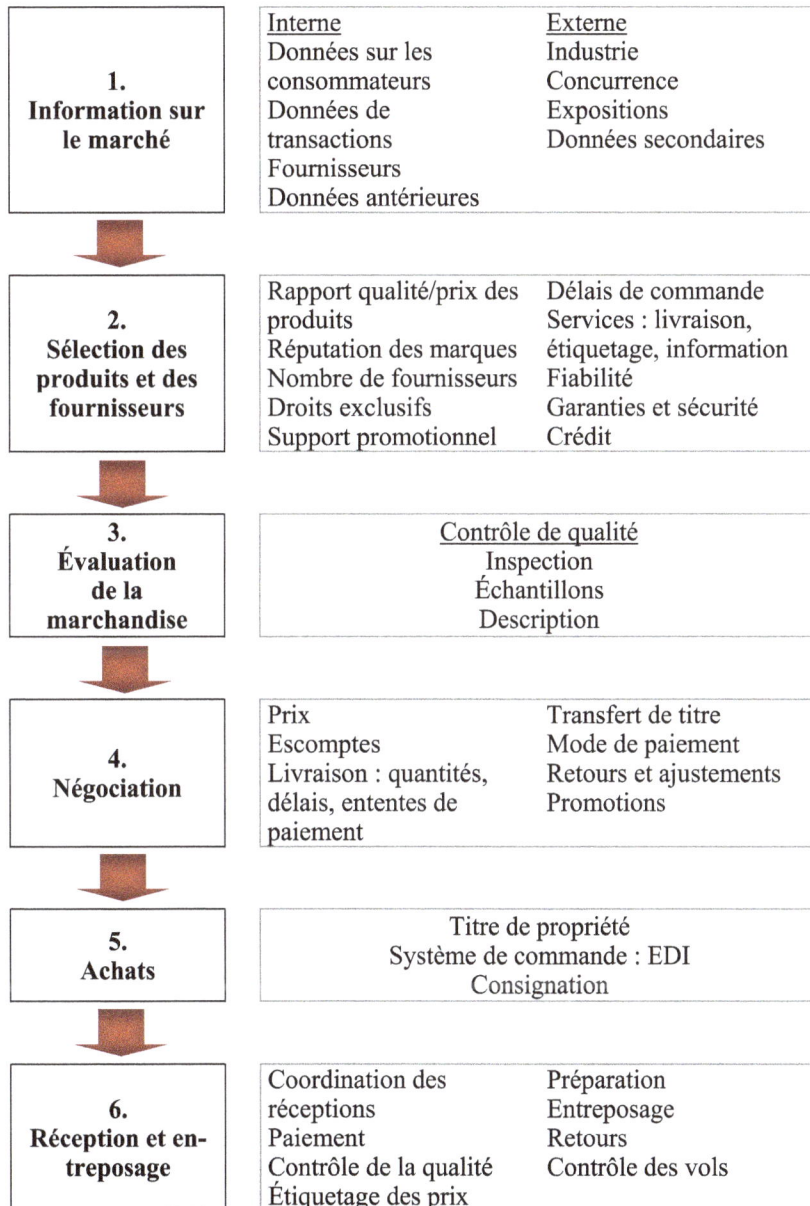

1. Information sur le marché	Interne Données sur les consommateurs Données de transactions Fournisseurs Données antérieures	Externe Industrie Concurrence Expositions Données secondaires
2. Sélection des produits et des fournisseurs	Rapport qualité/prix des produits Réputation des marques Nombre de fournisseurs Droits exclusifs Support promotionnel	Délais de commande Services : livraison, étiquetage, information Fiabilité Garanties et sécurité Crédit
3. Évaluation de la marchandise	Contrôle de qualité Inspection Échantillons Description	
4. Négociation	Prix Escomptes Livraison : quantités, délais, ententes de paiement	Transfert de titre Mode de paiement Retours et ajustements Promotions
5. Achats	Titre de propriété Système de commande : EDI Consignation	
6. Réception et entreposage	Coordination des réceptions Paiement Contrôle de la qualité Étiquetage des prix	Préparation Entreposage Retours Contrôle des vols

Source : Adapté de : BERMAN, B et Joel R. Evans, *Retail management : a strategic approach*, Pearson, 2009

SECTION 5.2
LA GESTION PAR CATÉGORIE

GESTION PAR CATÉGORIE

- La gestion par catégorie de produits propose une approche efficace de planification et de gestion de l'assortiment.

- Selon cette approche, chaque catégorie de produits est gérée comme une unité stratégique ayant :
  - Des objectifs spécifiques ;
  - Un programme de mise en marché propre à chaque magasin.

GESTION PAR CATÉGORIE ET ECR

- La gestion par catégorie s'inscrit dans la philosophie de l'ECR (efficacité continuellement renouvelée ou *efficient consumer response*) :
  - Approche stratégique de commercialisation visant à augmenter l'efficience de la chaîne d'approvisionnement ;
  - Adoptée au début des années 1990 par les grands distributeurs du secteur alimentaire pour assurer une mise en marché optimale et répondre plus efficacement aux besoins et aux attentes des consommateurs.

- Dans un contexte de marché en maturité caractérisé par une forte concurrence provenant de types de commerces à moindres coûts et par des consommateurs de moins en moins fidèles à une seule enseigne, les distributeurs et commerçants doivent réagir pour maintenir leur part de marché.

- Ils mettent de l'avant une approche intégrée de la gestion de la demande basée sur :
  - Le partage de l'information sur la demande entre les partenaires du circuit de distribution ;
  - Une meilleure utilisation de la technologie.

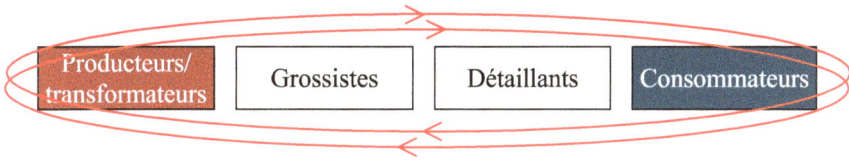

🔹 La circulation de l'information sur la demande des consommateurs entre les membres du circuit entraîne une meilleure coordination de leurs actions et vise à :

  ▪ Accroître la satisfaction des consommateurs en répondant de façon plus pointue à leurs attentes ;
  ▪ Augmenter le chiffre d'affaires ;
  ▪ Réduire les frais d'opération en misant sur une approche globale visant à optimiser l'ensemble des activités de la chaîne d'approvisionnement : assortiment, réapprovisionnement, action promotionnelle et introduction de nouveaux produits.

🔹 L'atteinte de ces objectifs entraîne une augmentation de la rentabilité.

Objectifs	Assortiment efficient	Réapprovisionnement efficient	Action promotionnelle efficiente	Introduction de nouveaux produits efficients
Augmenter le chiffre d'affaires	• Références adéquates ; • Diminuer les ruptures de stock.	• Réduction des ruptures.	• Positionnement ; • Prix optimisé ; • Promotions adéquates.	• Planification et contrôle des lancements ; • Minimiser les ratés.
Réduire les frais d'opération	• Diminution de la complexité ; • Amélioration de l'utilisation de l'espace.	• Plateforme de transbordement ; • EDI – échange de données informatiques ; • Réapprovisionnement automatique.	• Améliorer la planification ; • Supprimer les promotions non rentables.	• Améliorer la planification ; • Optimiser l'utilisation de l'espace.

LA TECHNOLOGIE

L'utilisation de la technologie permet de réduire les coûts en l'intégrant à la gestion et à l'optimisation de l'assortiment.

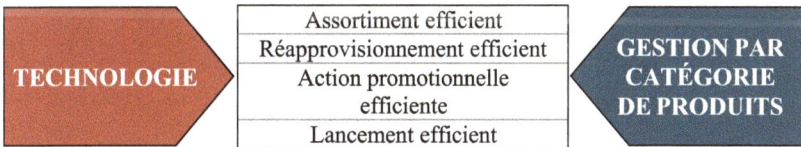

Source : Category Management Report (1995), *Grocery manufacturers of America,* Washington DC

🔹 L'intégration de la technologie et du processus de gestion par catégorie à la gestion de l'assortiment est une condition préalable à l'optimisation de l'assortiment et des activités de la chaîne d'approvisionnement.

LE PROCESSUS
DANS SON INTÉGRALITÉ

La gestion par catégorie est un processus
dynamique qui comporte plusieurs étapes.

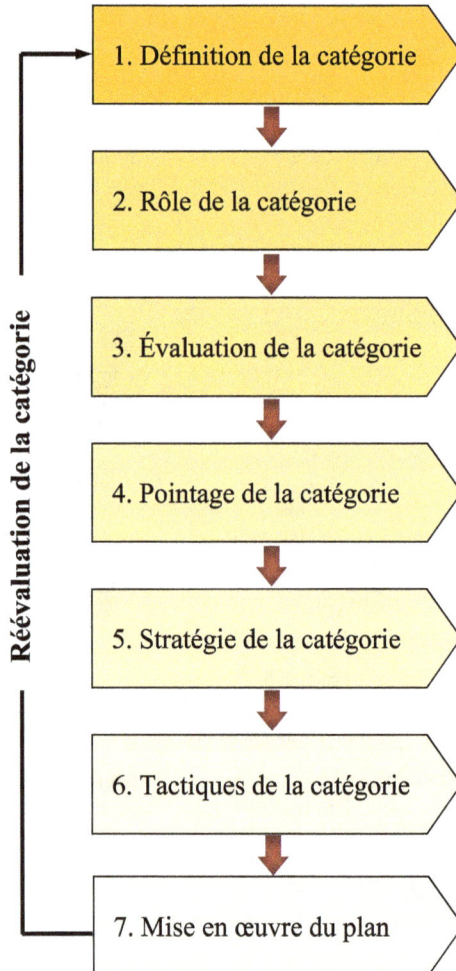

Réévaluation de la catégorie

1. Définition de la catégorie

2. Rôle de la catégorie

3. Évaluation de la catégorie

4. Pointage de la catégorie

5. Stratégie de la catégorie

6. Tactiques de la catégorie

7. Mise en œuvre du plan

Source : Adapté de Basuroy, S., Mantrala, M.K. & Walters, R.G.,The Impact of category management on retailer prices and performance: theory and evidence, *Journal of Marketing*, vol. 65 (October 2001, p. 16-32)

1. DÉFINITION
DE LA CATÉGORIE

Chaque catégorie correspond à un groupe distinct et gérable de produits. Les consommateurs perçoivent ces produits comme étant liés et/ou interchangeables.

🔹 La définition des catégories consiste à déterminer quels sont les produits qui composeront chacune des catégories, et ce, à partir des besoins et des perceptions des consommateurs :

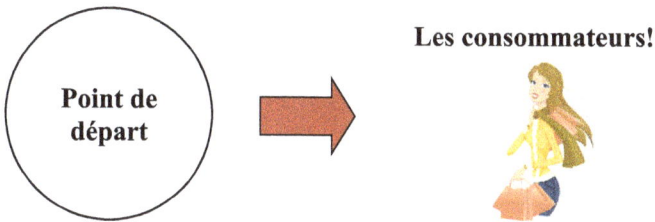

Les consommateurs!

Point de départ

🔹 Elle repose sur la logique d'achat des consommateurs. À partir d'études consommateurs, de données transactionnelles internes et de données externes sur les habitudes et les profils de consommation, identifier :

- Les besoins et les perceptions des consommateurs ;
- La typologie des besoins et bénéfices recherchés : les segments du marché.

🔹 Les questions à se poser :

- Quelle est la logique des consommateurs dans l'achat du produit?
- Quelle est la hiérarchie du processus décisionnel?
- Cette hiérarchie varie-t-elle selon l'occasion de consommation et selon le profil démographique?

SAQ
LA DÉFINITION DE LA CATÉGORIE
À LA *SAQ*

La *SAQ* a revu son processus de gestion par catégorie au cours de l'année 2010-2011 afin de l'adapter aux besoins changeants de sa clientèle et d'harmoniser ses efforts de commercialisation. Avant cette démarche, les produits étaient regroupés sous différentes catégories selon une base opérationnelle. Les paramètres du nouveau système ont été déterminés en suivant les sept étapes d'analyse et d'implantation d'un processus de gestion par catégorie.

- ⬛ <u>La situation de départ</u> : une soixantaine de catégories de produits opérationnelles définies en termes de réapprovisionnement.

- ⬛ <u>Première question posée</u> : « Est-ce que les catégories actuellement définies correspondent vraiment aux **besoins** des consommateurs? À l'occasion de consommation? »

Différentes études ont été réalisées afin de mieux comprendre la logique d'achat des clients de la *SAQ* :

- ⬛ Regard sur les études consommateurs menées antérieurement pour en dégager les informations pertinentes :
  - La clientèle de *SAQ* est composée de sept segments de clients aux profils distincts, ayant des motivations et des attentes différentes les uns par rapport aux autres (voir module 4).

- ⬛ Nouvelle étude consommateurs visant à comprendre en profondeur le comportement d'achat des clients de la *SAQ* afin de :
  - Valider dans quelle mesure la catégorisation des produits en vigueur permet de répondre aux besoins et aux attentes des clients ;
  - Déterminer comment optimiser cette catégorisation pour mieux satisfaire les clients ;
  - Identifier comment les clients de la *SAQ* perçoivent les catégories de produits identifiées ainsi que leur répartition et leur présentation en succursale.

Les objectifs spécifiques de l'étude

1 Cerner dans quelle mesure les choix des clients évoluent entre leur arrivée en succursale et leur sortie avec leurs achats. (Qu'avaient-ils prévu acheter? → Qu'ont-ils réellement acheté? Quel est leur processus décisionnel spontané?)

2 Comprendre la catégorisation triviale des produits faite par les clients lorsqu'ils entrent dans une succursale de la *SAQ*.

3 Déterminer l'importance perçue de divers critères de présentation des produits dans les succursales de la *SAQ* (ex. : pays, région, cépages, profils de goût, format, prix, etc.)

4 Évaluer la pertinence de l'ensemble des catégories de produits de la *SAQ*.

5 Connaître la perception des produits de spécialité et la disposition à privilégier pour ces produits disponibles en plus petite quantité.

	La méthodologie

- Les objectifs de cette étude sont nombreux et couvrent un spectre assez large. Aussi, trois volets de recherche ont été réalisés pour répondre aux objectifs.
- L'approche en multiples volets permet de mesurer différents éléments reliés aux catégories de produits de différentes façons ou sous différents angles. Il en résulte généralement une convergence donnant encore plus de poids aux résultats et de conviction aux recommandations.

Volet 1	Sondage en **face à face** à la sortie de certaines succursales : • Vise principalement à répondre à l'objectif 1 ; • 509 clients ont été interceptés et interrogés en succursales.
Volet 2	**Sondage *Web*** spécifique aux catégories de produits. • Vise principalement à répondre aux objectifs 2 à 4 ; • 185 participants.
Volet 3	**Entrevues individuelles** en profondeur en succursale. • Couvre tous les objectifs de l'étude ; • 35 entrevues en profondeur.

Type d'informations recueillies auprès des participants à l'étude.
Exemple : Volet 3, aux entrevues individuelles.

1 — **LA PLANIFICATION DES ACHATS**
- Les critères d'achat planifiés et impulsifs.
- L'arbre de décision des critères d'achat.

2 — **L'ORGANISATION / LA DISPOSITION EN SUCCURSALE**
- La perception spontanée.
- L'appréciation de l'organisation actuelle.
- Les catégories les plus et les moins fréquentées.
- Les vins agrobiologiques et les éco-pratiques.
- Les produits de spécialité.

3 — **LES COMMUNICATIONS ET LES OUTILS DE VENTE EN SUCCURSALE**

Les résultats

- Les résultats de la recherche ont permis de dresser l'arbre de décision du consommateur « vin » : étape clé de la catégorisation.
- Un constat : plusieurs critères utilisés dans la catégorisation existante sont peu utiles dans la sélection d'un produit :
  - Année/millésime : quelques Passionnés seulement ;
  - Appellations ;
  - Cépages : davantage associés à des régions.

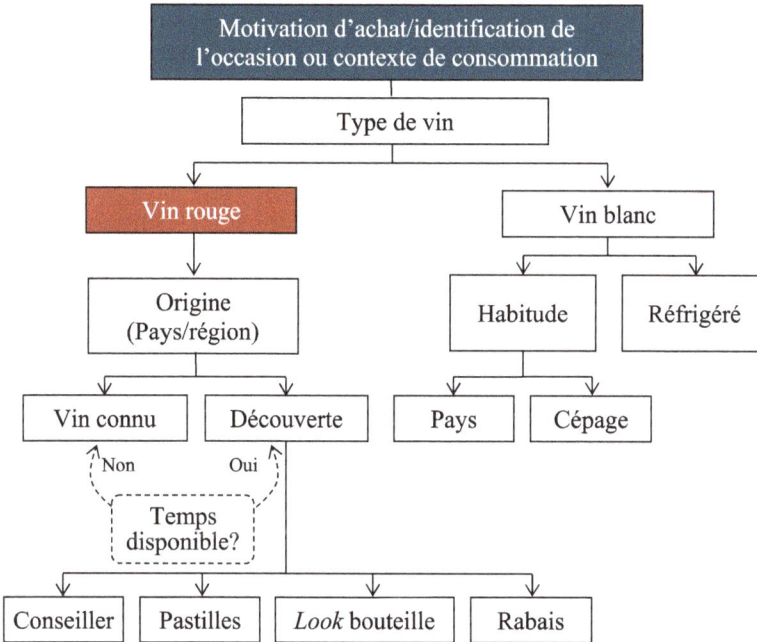

Les différents univers « départements » et catégories

- Nouvelle organisation :
  - Cinq (5) grands univers définis à partir des perceptions des consommateurs : vins rouges, vins blancs, vins rosés, célébrations (regroupe les produits à caractère plus festif tels que les bulles) et espace cocktail ;
  - Une trentaine de catégories ;
  - Une soixantaine de sous-catégories.

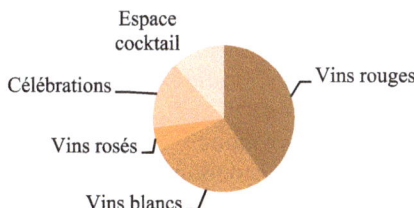

2. RÔLE DE
LA CATÉGORIE

🔲 Cette étape consiste à préciser le rôle de la catégorie dans la stratégie corporative en termes de positionnement et de rendement.

🔲 Elle consiste à préciser le rôle de la catégorie dans la stratégie corporative. Comment la catégorie s'insère-t-elle dans le positionnement de l'enseigne, et quelle est sa contribution au rendement global?

🔲 À cet effet, les catégories de produits peuvent jouer quatre rôles spécifiques :

Destination	🔲 Offre différenciée par un excellent rapport qualité/prix ou par une offre exclusive. 🔲 Exemples : sélection de sorbets du *Bilboquet*, sélection de matériel informatique chez *Future Shop*.
Routine	🔲 Produits d'achat régulier – offre comparable aux concurrents. 🔲 Exemples : produits laitiers dans les différentes chaînes de supermarchés, achat de produits hygiéniques chez *Jean Coutu*.
Occasion	🔲 Produit d'achat occasionnel ou saisonnier. Complète le choix pour les consommateurs et valorise l'image de l'enseigne. 🔲 Exemples : articles de jardin et de Noël chez *Rona*, accessoires dans une boutique de vêtements.
Commodité	🔲 Produit de convenance qui renforce l'image d'une destination où l'on trouve de tout. 🔲 Exemples : bois d'allumage chez *Canadian Tire* et dans les supermarchés, carte souhaits chez *DeSerres*.

🔲 Les catégories reflètent la façon dont les consommateurs perçoivent et effectuent leurs achats.

🔲 La contribution de la catégorie au rendement varie selon l'importance des ventes de la catégorie, la croissance de la catégorie, les coûts pour supporter l'inventaire et les frais directs.

🔲 Globalement, la définition du rôle de la catégorie :
- Repose sur une analyse croisée de :
  - La connaissance des perceptions et des critères d'achat des consommateurs ;
  - L'analyse des caractéristiques du marché ;
  - Les critères de rendement du distributeur et du manufacturier.
- Sert de base dans l'allocation des ressources entre les catégories :
  - Achats ;
  - Promotion ;
  - Marchandisage;
  - Service.

SAQ
LE RÔLE DE LA CATÉGORIE
À LA *SAQ*

Rappel :

- Univers : regroupement des catégories qui ont la même orientation auprès des consommateurs.

- Catégorie : regroupement de produits qui sont perçus comme substituables entre eux par le consommateur.

Destination	**Prioritaire pour le consommateur** - *Au hockey : le 1ᵉʳ trio, les joueurs de concession.* - Vins rouges de France, d'Italie.

Routine	**Habitude = relève** - *Au hockey : le 2ᵉ trio qui challenge le 1ᵉʳ trio!* - États-Unis, Nouvelle-Zélande, Australie.

Saisonnier	**Occasionnel** - *Au hockey : les unités spéciales! L'opportunisme.* - Rosés, bulles, boissons rafraîchissantes.

Complémentarité	**Complémentarité/facilité** - *Au hockey : 3ᵉ et 4ᵉ trios, les joueurs de soutien.* - Autres pays, autres formats, écopratiques.

3. ÉVALUATION
DE LA CATÉGORIE

⊞ L'évaluation de la catégorie consiste à réaliser une analyse de la rentabilité par catégorie, par sous-catégorie, par marque et par produit.

⊞ Il faut évaluer la capacité d'un produit à générer une marge de contribution qui supporte les coûts directs et les frais généraux :

- Le produit peut être attrayant pour un segment de la clientèle cible, mais peut ne pas être rentable pour le magasin en raison de frais directs trop élevés par rapport au potentiel de ventes ;
- Requiert une bonne connaissance des coûts par activité et l'utilisation de logiciels de calcul.

4. POINTAGE
DE LA CATÉGORIE

⊞ À la lumière des résultats de l'étape précédente, déterminer les seuils de rendement minimaux et acceptables des produits et des catégories pour l'entreprise.

⊞ Ces mesures servent d'indicateurs dans l'évaluation de l'exécution des programmes de commercialisation :

- Marges, inventaires, contribution des produits aux ventes de la catégorie, ventes au pied carré, satisfaction de la clientèle, etc.

⊞ Les cibles sont établies à partir de données transactionnelles des dernières années et de données secondaires sur les performances de l'industrie (*AC Nielsen*).

Catégorie X Code produit	Ventes $	% Var. (année précédente)	Marges	
122567	3 654 $	-12 %	1 279	Quatre produits représentent plus de 80 % des ventes et des marges.
145778	2 765 $	45 %	885	
133597	1 877 $	26 %	713	
255432	1 689 $	42 %	675	
345231	798 $	-38 %	289	
435437	487 $	48 %	195	
336542	354 $	58 %	134	
456341	226 $	-148 %*	72	Produits à faible contribution et en décroissance.
254942	198 $	2 492 %	83	
436589	63 $	-35 %*	25	
Total	**12 111 $**		**4 350 $**	

*Produits à faibles parts de marché dont les ventes diminuent.

SAQ

L'ÉVALUATION ET LE POINTAGE DE LA CATÉGORIE
À LA *SAQ*

🔷 Les principes directeurs et les outils d'évaluation de la catégorie et de son assortiment retenus à la *SAQ* sont :

- La proportion ventes/espace linéaire ;
- Les gammes de prix variées ;
- Les pastilles ;
- La variété de produits : cépage, appellation, format ;
- Les demandes de la clientèle.

Univers GPC	Catégorie GPC	Catégorie dénombrement périodique (ds)	Nouveau produit	Nbr pdts RA ACTIFS	Nbr produits RA ACTIFS (% du total)	vente $	vente $ (% du total)	% croissance $ 1 an	vente caisses 9L	vente cs 9L (% du total)	pied linéaire tot	vente $/pied linéaire	% linéaire	prix moyen pondéré 750ml
Vin rouge	PAYS X	Sous-catégorie A	-	42	3,5%	103 000 $	4,3%	-2%	xx	5,3%	80	12 300 $	3,7%	12,00 $
			(vide)	1	0,1%	2 600 000 $	0,1%	-16%	xxxx	0,1%	7 000	8 400 $	0,1%	11,00 $
			Nouveau (7-13P)	2	0,2%	825 000 $	0,0%	0%	xxx	0,0%	200	4 000 $	0,1%	14,00 $
			Nouveau (4-6P)	3	0,3%	800 000 $	0,0%	27%	xx	0,0%	215	3 800 $	0,1%	11,00 $
			Planographie P04-2012-2013	3	0,3%	310 000 $	0,0%	0%	xx	0,0%	0		0,0%	
			Planographie P06-2012-2013	3	0,3%	310 000 $	0,0%	43%	x	0,0%	0		0,0%	15,00 $
		Total Sous-Catégorie A		54	4,6%	5 000 000 $	4,4%	-1%	xxxxxx	5,6%	7 500	7 125 $	4,0%	12,00 $
		Sous-catégorie B	-	29	2,4%	51 000 $	2,1%	-2%	xx	1,9%	5 000	9 800 $	2,3%	16,00 $
			(vide)	1	0,1%	27 000 $	0,1%	17%	xxxx	0,1%	300	9 800 $	0,1%	16,00 $
			Nouveau (0-3P)	1	0,1%	6 000 $	0,0%	0%	xxx	0,0%	70	100 $	0,0%	18,00 $
			Nouveau (7-13P)	1	0,1%	14 000 $	0,0%	0%	xx	0,0%			0,0%	23,00 $
			Nouveau (4-6P)	1	0,1%	300 000 $	0,0%	70%	xx	0,0%	90	3 400 $	0,0%	19,00 $
			Planographie P06-2012-2013	1	0,1%	200 000 $	0,0%	0%	x	0,0%			0,0%	
		Total Sous-Catégorie B		34	2,9%	598 000 $	2,2%	-1%	xxxxxx	2,0%	5 500	9 800 $	2,5%	17,00 $
		Sous-catégorie C	-	12	1,0%	8 000 $	1,5%	-6%	xx	1,3%	2 993	12 000 $	1,3%	17,00 $
			(vide)	1	0,1%	200 000 $	0,1%	16%	xxxx	0,1%	309	7 000 $	0,1%	16,00 $
			Nouveau (7-13P)	1	0,1%	45 000 $	0,1%	-16%	xxx	0,1%	210	11 000 $	0,1%	14,00 $
			Planographie P04-2012-2013	1	0,1%		0,0%	0%		0,0%			0,0%	
		Total Sous-catégorie C		15	1,3%	253 000 $	1,7%	0%	xxxx	1,5%	3 512	12 000 $	1,6%	17,00 $
	Total Pays X			152	12,8%	300 000 000 $	12,0%	2%	xxxxxxxx	12,6%	28 000	10 000 $	12,5%	14,00 $

Pdts RA : produits réguliers
CS : caisse
7-13P : période 7-13

5. LA STRATÉGIE DE LA CATÉGORIE

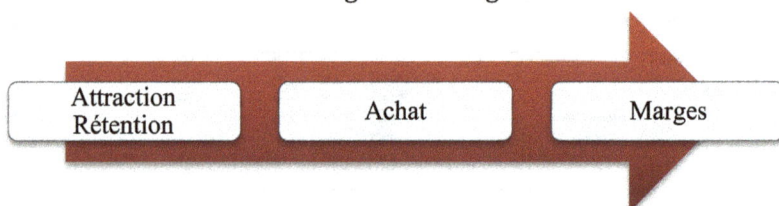

> *Élaborer les stratégies de marketing et d'approvisionnement qui permettront d'optimiser les ventes et la rentabilité.*

Les stratégies de marketing visent à :

- **Consolider un positionnement :** bas prix, spécialité, variété, découverte, etc. ;
- **Générer de l'encaisse** : augmenter l'achalandage, le taux de conversion, la dépense moyenne par transaction, accroître la loyauté ;
- **Créer de l'animation** : attirer les clients en magasin ou dans les allées, créer de l'atmosphère ;
- **Générer des profits** : optimiser les marges et la rentabilité au pied linéaire.

La stratégie de la catégorie

| Attraction Rétention | Achat | Marges |

SAQ
LA STRATÉGIE DE LA CATÉGORIE À LA *SAQ*

La stratégie des catégories vise à :

- Consolider le positionnement de l'enseigne : spécialités, variété, nouveautés ;
- Générer de l'achalandage en magasin : améliorer l'expérience de magasinage ;
- Créer de l'animation en succursale : favoriser une ambiance de découvertes, de dégustations, de service-conseil :
- Développer les connaissances et la passion : offrir du contenu, accords mets et vins, des conseils.

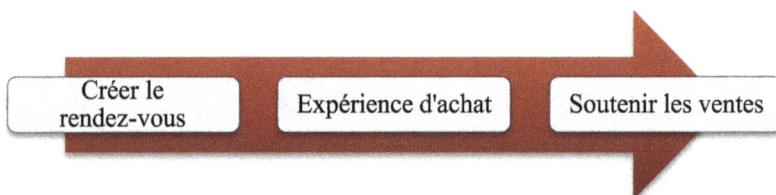

| Créer le rendez-vous | Expérience d'achat | Soutenir les ventes |

LA STRATÉGIE DE LA CATÉGORIE : QUELQUES ÉLÉMENTS À CONSIDÉRER

La stratégie de la catégorie repose sur l'analyse en temps réel des faits relatifs à chacune des variables du mix marketing et autres activités de gestion pouvant améliorer le taux de roulement des produits et leur rentabilité. Cette analyse nécessite la formation d'une équipe de marchandiseurs dont les responsabilités vont de l'achat jusqu'à la gestion de la rentabilité finale du produit. Cette analyse peut se faire par produit, par catégorie et par succursale.

Produits	▣ Rôle, type d'assortiment, dosage entre marques nationales et marques maison.

Prix	▣ Positionnement et politique de prix (BPJJ/*EDLP*, Hi-Lo)*, objectifs de marge, démarques.

Communication	▣ Activités promotionnelles et publicité : objectifs, budget et axes de communication.

Marchandisage	▣ Politiques de marchandisage, répartition de l'espace de vente.

Service	▣ Niveau de service.

Approvisionnement

▣ Prévisions d'approvisionnement et de demande, objectifs de rendement, impartition.

Catégorie/ sous-catégorie/ produit	Année dernière	Objectifs	% Variation
Ventes $			
Inventaire $			
Marge $			
Marge %			
Réductions			
RMBIS* (GMROI)			

*BPJJ/*EDLP* : Bas prix jour après jour (*everyday low price*)
*Hi-Lo : prix réguliers et réductions temporaires
*GMROI : marge brute ÷ inventaire

- La stratégie de chaque catégorie dépend du rôle alloué à la catégorie.
- Règle empirique : il doit y avoir un équilibre dans l'attribution des rôles entre les catégories. La majorité des catégories ne peut pas être considérée comme des catégories de destination. Une règle de base : la répartition des catégories selon les rôles devrait suivre une courbe normale afin de répartir l'effort marketing de façon réaliste et de maintenir des catégories gérables.

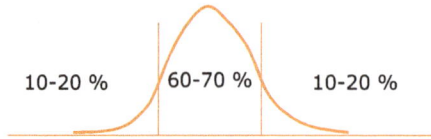

10-20 %   60-70 %   10-20 %

SAQ
LA STRATÉGIE DE LA CATÉGORIE
À LA *SAQ* (SUITE)

Rôle proposé	Stratégies/ positionnement	Catégories principales	Nb	% des catégories
Destination Prioritaire pour le consommateur *Au hockey : le 1er trio, les joueurs de concession.*	La différenciation! Créer de « l'enthousiasme », de l'engouement. *Positionnement de choix, bien en vue, à l'avant-plan.*	Exemple : Vins rouges de France, Italie…	4	**12 %**
Routine Habitude = relève *Au hockey : le 2e trio qui challenge le 1er trio!*	Essai-rachat Conversion *Positionnement secondaire mais tout de même stratégique, milieu du magasin.*	Exemple : *États-Unis* Nouvelle-Zélande Australie Argentine Chili Afrique du Sud…	20	**65 %**
Saisonnier occasionnel : l'opportunisme! *Au hockey : les unités spéciales!*	Créer de l'excitation *En saison : deviennent des destinations, avant du magasin.*	Exemple : Rosés Bulles Boissons rafraîchis-santes/*Cooler* …	3	**9 %**
Complémentarité/ Facilité *Au hockey : les 3e, 4e trios – les joueurs de soutien!*	Renforcer l'image La complémentarité!	Exemple : Autres pays Autres formats Écopratiques Autres spiritueux Apéros et vins dessert…	7	**14 %**
TOTAL			34*	**100 %****

* N'inclut pas l'ensemble des catégories
** Répartition en incluant l'ensemble des catégories

NOUVELLE CATÉGORISATION : LE CŒUR DE LA STRATÉGIE

🔹 Impact stratégique de l'arbre de décision des consommateurs : réorganisation de l'espace tablette.

    o   Importance d'opter pour une disposition qui reflète l'arbre de décision du consommateur, car une large proportion des décisions d'achat sont prises sur le lieu de vente.

🔹 Présentation des vins par bloc de pastille.

🔹 Proposition d'une nouvelle répartition des vins par couleur (les trois premiers univers) et présentation de l'ensemble des vins blancs en frigos.

🔹 Objectifs de la présentation en magasin :

    o   Rendre l'offre de produits en magasin plus compréhensible ;

    o   Répondre aux besoins actuels des clients ;

    o   Améliorer l'expérience client.

**Présentation de l'offre
par bloc de pastille**

6. LES TACTIQUES DE LA CATÉGORIE

- Déterminer les tactiques optimales d'assortiment, de prix, de promotion et de gestion du linéaire conformes au rôle de la catégorie, aux cibles de performance et à la stratégie de la catégorie.
- Le succès de la catégorie dépend de la coordination et de la synergie entre les diverses activités de mise en marché et de la rapidité de réaction aux variations dans l'offre, la demande et le contexte commercial.
- Par ailleurs, la qualité des indicateurs définis lors du pointage de la catégorie influencera la rapidité de la réaction.

Produits	<li>Analyse des ventes de la catégorie par sous-catégories, modèle, marque, fournisseur.</li><li>Nouveautés et retraits.</li>
Prix	<li>Structure de prix, ajustements, analyse de la concurrence.</li>
Communication	<li>Activités promotionnelles et publicité : intensité, supports, matériel, programme de fidélisation.</li>
Marchandisage	<li>Étalages, planogramme, animation des tablettes, emplacement.</li>
Service	<li>Normes de service, formation du personnel de vente.</li>
Approvisionnement	<li>Délais de réapprovisionnement, quantité minimale de commande, stock de sécurité, retours, étiquetage, préparation, etc.</li>

SAQ

LES TACTIQUES DE LA CATÉGORIE
À LA *SAQ*

Marchandisage et signalisation

- Pour refléter l'arbre décisionnel des consommateurs, les produits sont maintenant regroupés par univers et la signalisation a été revue afin que les clients puissent repérer facilement chaque univers dès leur entrée en succursale.

Les vins rouges et les vins blancs sont regroupés en deux sections distinctes. Ce qui permet de simplifier le processus de sélection des clients et facile la découverte.

Optimisation de l'offre de produits réfrigérés.
Emplacement des vins rosés à proximité des vins blancs.

**L'Espace Célébrations regroupe
entre autre les vins mousseaux et les cidres**

**L'Espace Cocktail avec présentoirs
blancs contraste avec les autres univers**

MISE EN ŒUVRE
DU PLAN

Identifier, répartir et planifier les tâches à exécuter pour la mise en œuvre des activités stratégiques.

- Qui?
- Quand?
- Quoi?
- Comment?

Les fournisseurs, les distributeurs et les détaillants sont impliqués dans la mise en œuvre du plan. Au final, l'implantation de la gestion par catégorie devrait réduire le nombre de fournisseurs. Leur importance sera modulée pour s'assurer d'un fournisseur principal et de quelques fournisseurs complémentaires.

GESTION PAR CATÉGORIE
ET TECHNOLOGIE

- Divers logiciels de gestion de l'approvisionnement disponibles sur le marché éclairent la prise de décision et favorisent les ajustements selon les tendances.

- Ces logiciels permettent de suivre en temps réel les ventes, les marges et les niveaux de stock ainsi que de simuler des scénarios promotionnels ou de livraison et d'en mesurer l'impact afin de prendre les meilleures décisions.

Les tableaux suivants présentent l'utilisation de logiciels de gestion de l'approvisionnement et de l'analyse de l'impact de la gestion des démarques sur les marges.

EXEMPLE :
GESTION DE L'APPROVISIONNEMENT

EXECUTIVE INFORMATION SYSTEMS

Semaine 84				Performance produits				Performance fournisseur	Performance immobilier
				Prévision : **hebdomadaire**, annuelle, mensuelle, journalière					
Classe	Ventes actuelles	Ventes AP	Var %	Description	Année courante	Année préc.	Var %	Var $	Norme
82A	8,671 $	12,020 $	-27.86 %	INV $	599,030 $	694,777 $	-13.78 %	-95,746 $	--
82B	6,070 $	8,475 $	-28.38 %	DÉBIT %	1.43 %	1.70 %	-16.10 %	--	1.70 %
82C	2,788 $	1,945 $	43.36 %	PIÈCES EN INV	4,480	5,631	-20.44 %	-1,151	--
– Tout –	17,529 $	22,440 $	-21.89 %	PIÈCES VENDUES	75	93	-19.35 %	-18	--

La classe 82 A, B et C sont des items faisant partie de la catégorie A.

Performance de la classe 82A :
1. Les ventes de la classe 82A pour la semaine observée sont de 8671 $;
2. Les ventes de la classe 82A pour la semaine observée affichent une baisse de 27, 86 % en comparaison à celles de la même période l'année dernière.

Description	Année courante	Année préc.	Var %	Var $	Norme
% PIÈCES VENDUES	1.65 %	1.62 %	1.34 %	--	2.01 %
MARGE BRUTE $	4,060 $	5,752 $	-29.42 %	-1,692 $	--
MARGE BRUTE %	46.82 %	47.85 %	-2.15 %	--	44.89 %
MARGE COMPTABLE	329,976 $	374,537 $	-11.90 %	-44,561 $	--
MARGE COMPTABLE %	55.09 %	53.91 %	2.18 %	--	54.66 %
DÉPRÉCIATION $	1,459 $	557 $	161.84 %	902 $	--
DÉPRÉCIATION %	14.40 %	4.43 %	225.12 %	--	15.86 %
MOY AU DÉTAIL	115.61 $	129.25 $	-10.55 %	-13.64 $	113.09 $
SEMAINE STK U	60	61	-1.64 %	--	49
% INV	59.05 %	58.09 %	1.66 %	--	2.13 %
% VENTES	49.46 %	53.56 %	-7.65 %	--	1.54 %
MOY EN MAIN	373	469	-20.47	-96	628
NOUVELLE RÉC	10,659 $	5,690 $	87.35 %	4,970 $	--
NOUVELLE RÉC PIÈCES	67	40	64,50 %	27	--
NOMBRE COMMANDE PIÈCES	2,502	--	--	--	--
EN COMMANDE $	183,304 $	--	--	--	--
GMROI	0.65	0.81	-19.49 %	-0.16	0.72

Définition des descriptions :
- **Inv $** : inventaires calculés au prix de vente ;
- **Débit %** : ventes au cours de la période ÷ inventaires au début de la période ;
- **Pièce en inv** : nombre d'items en inv. ;
- **Pièces vendues** : nombre de pièces vendues ;
- **% pièces vendues** : nombre de pièces vendues au cours de la période ÷ nombre de pièces vendues au début de la période ;
- **Marge brute $** : ventes en $ - coût des marchandises vendues en $;
- **Marge brute en %** : marge brute en $ ÷ ventes × 100 ;
- **Marge comptable** : marge calculée à partir des ventes au plein prix (ne tient pas compte des démarques) ;
- **Marge comptable %** : ventes au plein prix ÷ ventes × 100 ;
- **Dépréciation $** : les démarques de la période ;
- **Dépréciation %** : les démarques totales ÷ les démarques + ventes totales de la période × 100 ;
- **Moy au détail** : prix moyen des unités vendues ;
- **Semaine stk U** : nombre de semaines couvertes par les stocks ;
- **% inv** : proportion de l'inv. de la classe sur l'inventaire total (inventaire de la classe ÷ inventaire total de la catégorie) ;
- **% ventes** : proportion des ventes de la classe sur les ventes totales ;
- **Moy en main** : total des unités ÷ nombre de magasins ;
- **Nouvelle réc** : valeur en $ des items reçus depuis le début de l'année ;
- **Nouvelle réc pièces** : nombre d'items reçus depuis le début de l'année ;
- **Nombre commande pièces** : nombre d'unités en commande au moment de la saisie ;
- **En commande $** : la valeur des unités en commande au moment de la saisie ;
- **GMROI** : marge brute ÷ inv.

Conclusions :

Les chiffres importants :
- Marge brute % : 46, 82 % ;
- Pourcentage des ventes : 49,46 % ;
- Pourcentage des inventaires : 59,05 % ;
- GMROI : 0,65.

La classe 82A est composée de produits saisonniers en période hors saison. Ce qui explique le niveau des inventaires élevé par rapport aux unités vendues. Ceci se reflète dans la valeur du GMROI de 0,65. Pour des biens à fortes marges, ce ratio devrait se situer entre 6 et 8 et près de 1 pour des produits à faible marge.

ANALYSE DE L'IMPACT
DES DÉMARQUES SUR LES MARGES

Les analyses d'impact des démarques sur les
marges permettent d'éclairer les décisions.

RAPPORT DIMINUTION INTELLIGENTE													
SAISON 12 AUT-HIVER 2011			SEM. REST. 16			SURPLUS			MARGE BRUTE				
Four Style									10 %	20 %	30 %	40 %	50 %
Cout													
	Détail	Courant	Date rec	Date dern	Red								
MER 13028	Siren vent F			61	0	51	83.60	4589.49	31.32	22.75	11.70	-3.02	-23.62
55.624	109.99	89.99	11/11/27										
MER 15037	Chameleon 4 trek leather H			37	0	30	81.08	5099.70	45.47	38.65	29.88	18.20	1.85
83.430	169.99	169.99	11/11/01										
MER 15205	Axis 2 H			27	0	23	85.18	2989.77	42.55	35.37	26.14	13.82	-3.40
67.208	129.99	129.99	11/10/20										
MER 15603	Chameleon 4 slan leather H			32	0	28	87.50	4479.72	45.28	38.44	29.64	17.91	1.51
78.795	159.99	159.99	11/10/27										
MER 15719	Kopec H			31	1	11	35.48	1319.89	46.35	39.64	31.02	19.52	3.44
57.938	119.99	119.99	11/10/27										
MER 16062	Siren sync F			46	1	30	65.21	3299.70	43.81	36.79	27.76	15.71	-1.13
55.620	109.99	109.99	11/10/12										
MER 50941	Refuge pro HTP H khaki			36	1	20	55.55	3399.80	45.47	38.65	29.88	18.20	1.85
83.430	169.99	169.99	11/11/01										
MER 50953	Refuge pro H			27	1	4	14.81	599.96	45.06	38.19	29.36	17.59	1.12
74.160	149.99	149.99	11/10/27										
MER 50991	Refuge core vent H			38	0	31	81.57	4029.69	42.55	35.37	26.14	13.82	-3.40
67.208	129.99	129.99	11/10/03										

Définition des descriptions :

- **Sem. rest** : semaine restante dans la saison ;
- **Détail** : prix de détail du produit ;
- **Courant** : prix réel ;
- **Date rec** : date de mise en vigueur de la démarque ;
- **61** : Stock en inventaire ;
- **51** : Surplus à la fin de la saison si la tendance des ventes se maintient ;
- **83,60** : Stocks en trop ;
- **4589,49** : Valeur du surplus au prix courant ;
- **Marge brute** : Marge réalisée en % en fonction des % de démarques accordés ex : à 10 % de démarque, la marge en % est de 31,32, alors qu'à 40 % de démarque, la marge devient négative (-3,02 %).

> **FACTEURS DE SUCCÈS DE**
> **LA GESTION PAR CATÉGORIE**

Le succès de la mise en œuvre de la gestion par catégorie dépend de plusieurs facteurs :

- Engagement des partenaires (distributeurs, fournisseurs, détaillants) à se conformer aux buts à atteindre pour la gestion par catégorie.
- Partage des informations sur la demande entre les partenaires.
- Précision des priorités d'actions communes des partenaires.
- Définition des catégories à partir des besoins des consommateurs.
- Responsabilisation des gestionnaires de catégorie par une évaluation et une rémunération basées sur le rendement de la catégorie.
- Utilisation de la technologie.
- Rapidité de la réaction.
- Adoption d'un processus standard d'examen des catégories : utilisation d'indicateurs de performance pour mesurer le rendement et pour corriger les actions au besoin.

Les impacts de la gestion par catégorie :

- Augmentation des ventes et des bénéfices par magasin et par produit :
  - Optimisation de l'effort marketing ;
  - Meilleur rendement de l'actif : rotation des stocks et ventes au pied carré plus élevée.
- Augmentation de la satisfaction et de la loyauté des clientèles.
- Offre adaptée et diminution des ruptures de stock.
- Réduction du nombre de fournisseurs.

> **DÉFINITIONS**

Mesures de productivité	
Du linéaire[*]	Ventes ÷ linéaire
De l'espace de vente	Ventes ÷ pieds carrés (ou mètres carrés)
De la force de vente	Ventes ÷ nombre d'employés à temps plein
De la rotation des stocks	Ventes ÷ stock moyen

Mesures de rendement	
Du linéaire	Marge brute ÷ linéaire
De l'espace de vente GMROF	Marge brute ÷ pieds carrés (ou mètres carrés)
De la force de vente GMROL	Marge brute ÷ nombre d'employés à temps plein
Des stocks GMROI	Marge brute ÷ stock moyen

[*]Nombre de *facings* × largeur du produit

QUESTIONS À SE POSER
▣ Quel est votre positionnement?
▣ Connaissez-vous le processus d'achat de votre clientèle et les critères d'achat déterminants?
▣ Êtes-vous capable de réagir rapidement aux variations dans l'environnement : Consommateurs? Concurrence? Variation de température?
▣ Faites-vous une distinction entre vos départements de vente et vos catégories de produits?
▣ Quels sont vos indicateurs de performance et leurs seuils de rendements minimaux et acceptables pour analyser vos catégories?
▣ Faites-vous des analyses en temps réel sur une base continue?
▣ Y-a-t-il des catégories à ajouter ou à retirer pour bonifier votre offre?
▣ Dans chacune des catégories, quels sont les produits les plus performants et les moins performants?
▣ Que faites-vous avec les produits les moins performants?
▣ Est-ce que vos stratégies et vos tactiques de gestion par catégorie correspondent aux besoins et aux attentes de vos clients?
▣ Quel est le degré d'engagement de la direction et des partenaires face à la gestion par catégorie? Quels sont les buts communs?
▣ L'ensemble des partenaires est-il impliqué dans la prise de décision?
▣ Quel est le partage d'information entre vous et vos partenaires?
▣ Comment évaluez-vous la compétence des membres de votre équipe de marchandiseurs?
▣ Votre logiciel d'analyse vous fournit-il toute l'information pertinente et indispensable pour votre gestion par catégorie?

NOTES

MODULE 6

MARCHANDISAGE ET
GESTION DE L'ESPACE DE VENTE

L'attrait d'un magasin dépend en grande partie de son aménagement intérieur. Ce module présente les grandes règles de présentation de produits et du linéaire ainsi que les types d'aménagement.

MARCHANDISAGE
ET GESTION DE L'ESPACE DE VENTE

OBJECTIFS DU MODULE

- Connaître les rôles du marchandisage.

- Comprendre les principes de la gestion du linéaire et de l'espace de vente.

CONNAISSANCES

- Le marchandisage

- Les règles de la présentation

- L'aménagement de l'espace

- L'influence du marchandisage sur les sens

SECTION 6.1
LE MARCHANDISAGE

LES GRANDS DÉFIS DES COMMERÇANTS

⬖ Attirer les clients au point de vente.
⬖ Répondre à la demande des clients.
⬖ Satisfaire et fidéliser les clients.
⬖ Optimiser la dépense des clients en magasin.

Le marchandisage contribue à l'atteinte de ces défis.

LE MARCHANDISAGE

⬖ Le marchandisage est un ensemble de techniques mises en œuvre par le manufacturier, le distributeur et le détaillant pour valoriser les produits au point de vente et en accroître l'écoulement.
⬖ Le marchandisage s'appuie sur l'analyse des comportements de consommateurs afin de répondre à leurs attentes.

Les rôles du marchandisage		
Pour le client	Source d'information	⬖ Pour faire sa sélection, le client a besoin d'informations sur les produits et sur leur emplacement dans le magasin : promotions, affichage des prix, signalisation.
	Composante de l'expérience client	⬖ La disposition et la présentation des produits, le regroupement des catégories de produits, la circulation en magasin et l'accessibilité de la marchandise facilitent l'expérience client.
Pour le détaillant	Gestion	⬖ Organiser le linéaire, les rayons. ⬖ Implanter le linéaire. ⬖ Optimiser la rotation des stocks. ⬖ Régler les problèmes de rupture. ⬖ Gérer les stocks. ⬖ Gérer les catégories de produits. ⬖ Positionner les marques. ⬖ Évaluer la rentabilité du linéaire.
	Séduction	⬖ Susciter l'intérêt du client. ⬖ Valoriser les produits. ⬖ Dynamiser le linéaire, les rayons, le magasin. ⬖ Animer les produits : démonstration, dégustation. ⬖ Sécuriser et orienter le client.

LE CREDO
DU MARCHANDISAGE

Bon produit	La composition de l'assortiment de produits doit répondre aux attentes de la clientèle.
Bon prix	Le prix doit refléter le positionnement et le service.
Bon endroit	La localisation du produit varie selon la nature du produit, la saisonnalité et le support promotionnel.
Bonne quantité	La quantité en stock doit être suffisante pour répondre à la demande en évitant les invendus et les ruptures.
Bon moment	Les produits doivent être disponibles au moment où les clients sont prêts à les acheter.

LE MARCHANDISAGE ET LA LOGIQUE DU CLIENT

Les facteurs qui influencent le marchandisage

Type de produit	◘ Un produit d'achat planifié nécessite une comparaison entre les diverses possibilités et requiert un temps de décision plus long. L'aménagement doit faciliter ce processus. ◘ À l'opposé, l'achat impulsif se fait spontanément une fois exposé au produit.
Caractéristiques des produits	◘ Le poids, le format, la fragilité, la périssabilité et le degré de service requis influencent l'emplacement et la disposition des produits en magasin. ◘ En général, les clients préfèrent acheter les produits qui exigent plus de temps de réflexion et les produits lourds avant les achats routiniers.
Complémentarité des produits	◘ Regrouper les produits complémentaires facilite le choix des clients. ◘ Par exemple, présenter les pâtes alimentaires près des sauces favorise l'achat complémentaire.
Risque de vol	◘ Les produits à haut risque de vol ont avantage à être disposés près des comptoirs caisse ou près d'un emplacement où il est facile d'effectuer une surveillance discrète.

SECTION 6.2
LA PRÉSENTATION

La présentation est l'un des trois vecteurs de performance du marchandisage :

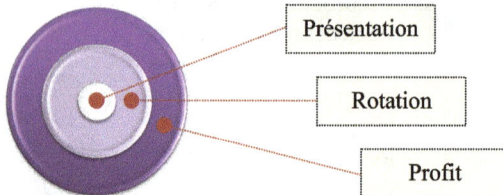

- Présentation
- Rotation
- Profit

La rotation et le profit sont présentés au module 5.

La présentation consiste à disposer la marchandise dans l'espace de telle sorte qu'elle soit :

❑ **Vue**	❑ **Accessible**	❑ **Vendue**

LA PRÉSENTATION DES PRODUITS DOIT CONSIDÉRER LES DIFFÉRENTS ASPECTS IMPLIQUÉS DANS LE PROCESSUS DE DÉCISION DES CONSOMMATEURS

- ❑ La physiologie, les sens et les conditionnements du corps humain influencent les comportements d'achat.

- ❑ Les produits localisés à la portée de la main sont plus attrayants pour le consommateur.

- ❑ Les prix déterminent la capacité à acheter des consommateurs.

- ❑ L'affichage des prix et le regroupement des produits semblables facilitent leur comparaison.

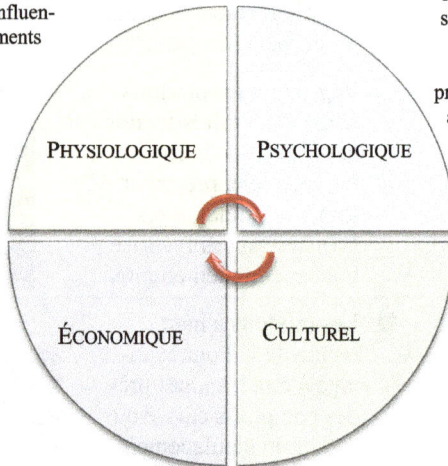

- ❑ L'aspect émotif joue un rôle important dans plusieurs décisions d'achat.

- ❑ L'emplacement des produits d'achat impulsif a avantage à être accessible et visible.

- ❑ La culture influence les modes de magasinage.

- ❑ Le service doit considérer cet aspect.

PHYSIOLOGIQUE   PSYCHOLOGIQUE

ÉCONOMIQUE   CULTUREL

LES RÈGLES
DE LA PRÉSENTATION

- La verticalité et l'horizontalité
- Le niveau de la présentation
- Le contraste
- Le 45 degrés
- L'intensité lumineuse
- L'effet de masse

LA VERTICALITÉ

- La verticalité facilite le repérage des produits par les consommateurs.
- La verticalité peut être créée en utilisant les formes ou les couleurs.

L'HORIZONTALITÉ

- L'horizontalité est utilisée pour présenter les items à faible volume ou pour des petits emballages.
- Elle peut aussi être utilisée pour présenter des produits complémentaires.

LES NIVEAUX
DE PRÉSENTATION

◘ Les produits à la hauteur des yeux et accessibles sans se pencher sont plus facilement repérables pour les clients.

◘ Les linéaires à la hauteur des yeux retiennent davantage l'attention des clients. Les produits sont donc davantage repérés par les clients.

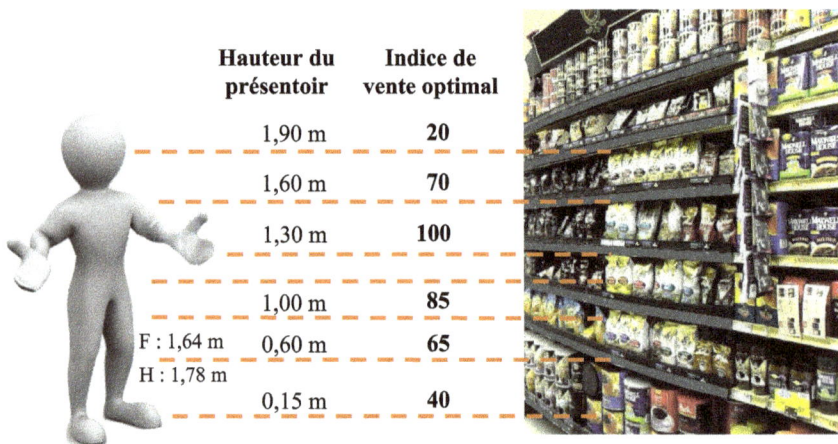

Hauteur du présentoir	Indice de vente optimal
1,90 m	20
1,60 m	70
1,30 m	100
1,00 m	85
0,60 m	65
0,15 m	40

F : 1,64 m
H : 1,78 m

Source : Adapté de Michel Gaulin, *Marchandisage : Aménagement d'un commerce*, Gaëtan Morin. 2006

◘ L'indice de vente optimal varie selon la morphologie des clients.

◘ Les femmes étant en moyenne plus petites (1,64 m) que les hommes (1,78 m), la hauteur des présentoirs des magasins qui ciblent les femmes devrait être légèrement plus basse.

◘ Dans le cas des magasins pour enfants, les niveaux plus près du sol auront un indice plus élevé.

LE 45 DEGRÉS

L'angle de vision chez l'humain englobe environ 45 degrés.

L'utilisation du 45 degrés permet de :

- Briser la monotonie ;
- Attirer l'attention de la clientèle ;
- Diriger la circulation.

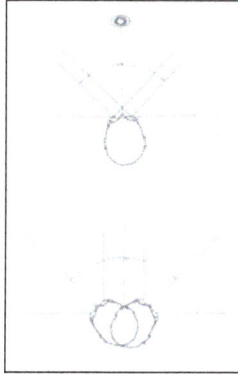

LES CONTRASTES

Les contrastes de formes et de couleurs attirent l'attention et facilitent le repérage.

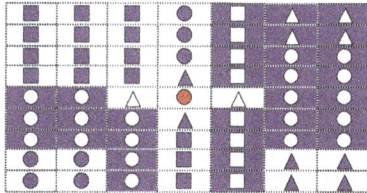

L'INTENSITÉ
LUMINEUSE

◘ La lumière permet de se repérer dans un espace.

◘ Un magasin bien éclairé sécurise le client.

◘ Elle permet aussi d'attirer l'attention du client, de théâtraliser l'aménagement et de mettre les produits en évidence.

L'EFFET
DE MASSE

◘ L'effet de masse peut être utilisé pour créer un effet d'abondance et de choix. Cette approche confirme le positionnement de spécialiste.

◘ Il peut aussi être utilisé pour présenter des produits vendus à rabais et renforcer la perception d'aubaines.

UNE APPLICATION DANS
L'INDUSTRIE DE LA MODE

◘ L'utilisation des contrastes de formes créés par l'utilisation de différents présentoirs facilite le repérage.

◘ La disposition des manteaux et des chandails permet de créer une harmonie visuelle dans la présentation.

SECTION 6.3
L'AMÉNAGEMENT

LA CIRCULATION

L'aménagement de l'espace de vente détermine le chemin emprunté par la plupart des clients et donc, les flux de circulation.

**Critères qui influencent
le plan d'aménagement :**

- La logique d'achat des consommateurs.
- La taille de l'assortiment de produits.
- Les contraintes de présentation des produits. Par exemple, certains produits périssables doivent être réfrigérés.
- Le regroupement par catégorie de produits.

- Le degré de service requis.
- Les contraintes de l'espace de vente : localisation de l'entrée, présence de colonnes de soutien, surface d'entreposage, hauteur des plafonds, fenestration.

DEUX GRANDS TYPES D'AMÉNAGEMENT

L'AMÉNAGEMENT EN GRILLE

Cet aménagement convient aux magasins qui ont des assortiments de produits vastes tels les grands magasins, les supermarchés, les pharmacies, les quincailleries.

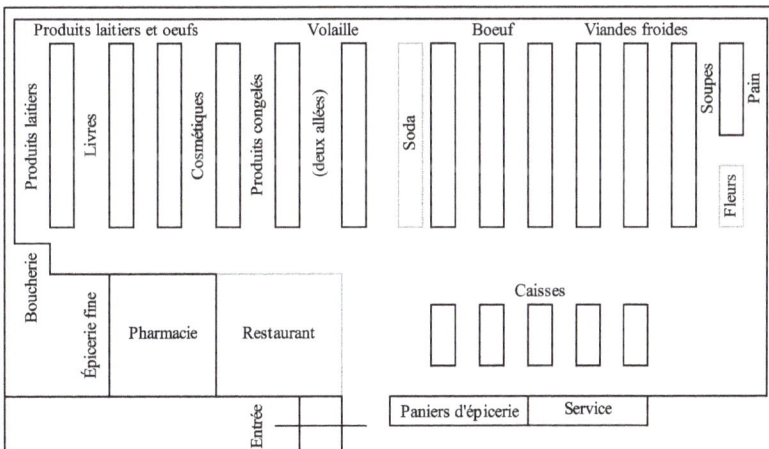

L'AMÉNAGEMENT EN STYLE LIBRE

Cet aménagement convient aux boutiques de mode et aux petites surfaces qui vendent des produits de spécialité.

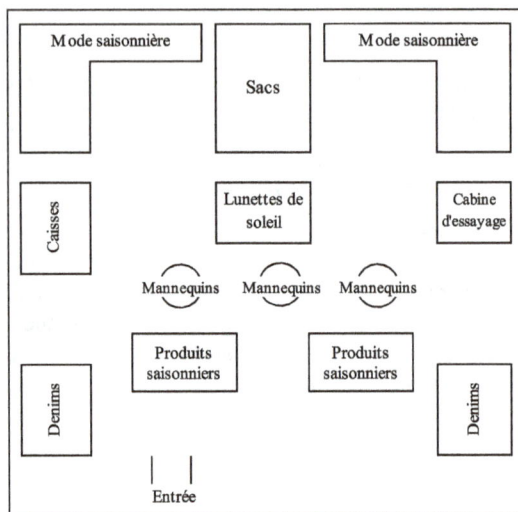

Mode saisonnière	Sacs	Mode saisonnière
Caisses	Lunettes de soleil	Cabine d'essayage
	Mannequins Mannequins Mannequins	
Denims	Produits saisonniers Produits saisonniers	Denims
	Entrée	

LA CIRCULATION : CE QUI EST VU EST VENDU

Chaque aménagement comporte des zones qui offrent des potentiels de contact variés et qui ont, par conséquent, des potentiels de vente différents.

Zones chaudes	Zones à forte densité de circulation caractérisées par un fort potentiel d'attraction et un pouvoir de vente plus élevé : ⬚ Entrée ; ⬚ Allée centrale ; ⬚ Têtes de gondoles ; ⬚ Hauteur des yeux et des mains ; ⬚ Côté droit des allées.	
Zones froides	Zones à faible densité de circulation ou à faible visibilité caractérisées par un potentiel d'attraction plus faible : ⬚ Zones mal éclairées ; ⬚ Tablettes inaccessibles ; ⬚ Allées trop étroites ; ⬚ Zones surchargées.	

TEMPS DE MAGASINAGE
ET AMÉNAGEMENT

- La majorité des consommateurs affirme manquer de temps.
- Le temps passé en magasin est relativement court, surtout pour les achats de produits courants.
- La plupart des consommateurs visent à effectuer leurs achats de façon efficace.
- Ils détestent attendre pour se faire servir ou chercher la localisation d'un produit qui fait partie de leur liste d'achat.
- La répartition des catégories de produits en magasin a donc avantage à suivre la logique d'achat des clients.
- Une signalisation claire et accessible facilitera pour le client le repérage en magasin.

LES EMPLACEMENTS
STRATÉGIQUES

En raison de la disposition et de la circulation en magasin, les zones centrales et en bout de gondole sont plus accessibles et offrent un potentiel de vente plus élevé.

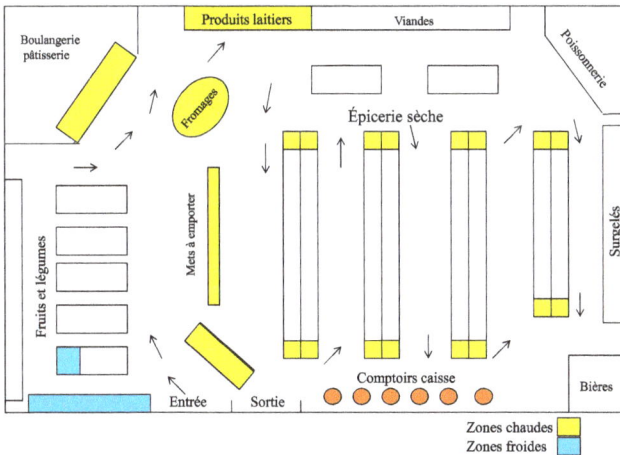

Le comptoir placé en angle à l'entrée oriente la circulation des clients.

ZONE D'EFFICACITÉ
DU LINÉAIRE

Le degré d'attraction des niveaux de tablette varie.
La tablette positionnée à la hauteur des yeux et des mains
correspond à la zone qui a le plus de visibilité.

**La zone la plus
accessible pour
le client**

LINÉAIRE
ET AGENCEMENT DES PRODUITS

**Quelques critères sont à considérer
dans l'organisation du linéaire**

Les objectifs de la catégorie de produits.

L'attrait des produits : marques, part de
marché, complémentarité.

Les caractéristiques des produits : taille,
poids, format, fragilité.

Plan de promotions.

SECTION 6.4
LE MARCHANDISAGE ET LES SENS

*Et si le marchandisage était aussi un art
qui sollicite les sens du consommateur?*

La vue

Le toucher

Le goût

L'ouïe

L'odorat

LA VUE

Le marchandisage et la vue	
Vitrine	L'originalité et la luminosité de la vitrine contribuent à capter l'attention et l'intérêt des clients.
Présentation verticale et horizontale	La présentation facilite le choix du client.
Intensité lumineuse	Un espace bien éclairé sécurise le client et valorise les produits.
Signalisation	Une bonne signalisation aide le client à se repérer et contribue à la satisfaction du client.
L'espace plancher	Les couleurs du recouvrement de plancher peuvent servir de repère pour le client.

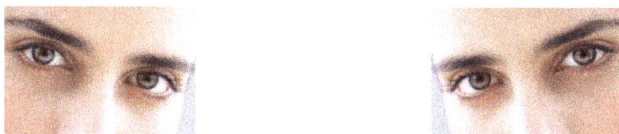

LE TOUCHER

Le marchandisage et le toucher		
Contribue à l'évaluation de certains produits	■ Aliments : degré de mûrissement d'un fruit. ■ Vêtements : qualité et texture du tissu, confort. ■ Cosmétiques : démonstrateur. ■ Matériel informatique : test. ■ Voiture : confort, performance.	
Affecte la sensation globale ressentie dans l'espace de vente	■ Superficie du magasin. ■ Hauteur des plafonds. ■ Largeur des allées. ■ Température ambiante. ■ Densité de l'achalandage.	

LE GOÛT

Une invitation à individualiser l'expérience.

Un test suprême, car les papilles gustatives ne mentent pas.

L'ODORAT

- Les odeurs ont le pouvoir de susciter des réactions physiques et émotionnelles. Si les odeurs agréables nous attirent, les odeurs désagréables génèrent des réactions de fuite.
- Certaines odeurs sont naturellement associées à des contextes.
- Les vaporisateurs d'arômes et d'odeurs peuvent être utilisés pour attirer le client dans un espace de vente et rendre l'expérience d'achat plus conviviale.

Citron = fraîcheur

Orange = santé

Parfum = sensualité

L'OUÏE

- Plusieurs études ont démontré l'influence de la musique sur les comportements des consommateurs.
- Le rythme, le style et le volume de la musique ont une influence sur :
  - Le temps passé en magasin ;
  - Le temps d'attente perçu ;
  - La dépense totale.
- Une musique à rythme lent tend à ralentir le rythme de magasinage et à augmenter le temps passé en magasin. Une musique forte à rythme rapide pourra avoir l'effet contraire.
- L'effet de la musique varie selon les contextes d'achat et selon les types de clientèle.

LE MARCHANDISAGE :
AUSSI UN ART

Une bonne connaissance des habitudes de magasinage des consommateurs et l'application des règles du marchandisage fournissent des points de repère pour l'aménagement d'un espace de vente optimal. Toutefois, la créativité des personnes responsables de l'aménagement et du marchandisage contribue à créer une ambiance unique et à fidéliser le consommateur.

QUESTIONS À SE POSER
☐ Quel est l'attrait de votre vitrine?
☐ À quelle fréquence modifiez-vous votre vitrine?
☐ Quelle est la thématique de votre vitrine?
☐ Est-ce que les produits sont bien mis en évidence?
☐ Qu'est-ce que le consommateur voit en premier lorsqu'il entre dans le magasin?
☐ Est-il capable d'avoir une vue d'ensemble, ou quelques points critiques accaparent-ils son attention?
☐ Comment la clientèle est-elle dirigée à l'entrée?
☐ Le magasin dégage-t-il une impression invitante et accueillante pour le consommateur?
☐ Est-ce que le magasin donne l'impression d'être trop chargé (trop de stocks)?
☐ Quelles sont les sections les plus visitées?
☐ Y-a-t-il des obstacles dans les allées qui nuisent à la circulation?
☐ Comment les clients sont-ils attirés dans les espaces moins accessibles?
☐ La signalisation est-elle facilement repérable et attrayante pour le consommateur?
☐ Est-ce que l'emplacement des produits correspond à la logique d'achat des consommateurs?
☐ L'emplacement tient-il compte du rôle de la catégorie de produit?
☐ L'éclairage permet-il de bien se repérer?
☐ La lumière est-elle bien utilisée pour mettre en valeur les produits?
☐ Les ampoules brûlées sont-elles changées régulièrement?
☐ La présentation des produits permet-elle aux clients de repérer les produits désirés rapidement (vertical versus horizontal, utilisation des contrastes, etc)?
☐ Les bouts d'îlots sont-ils maximisés?
☐ Est-ce que la présentation des produits tient compte de leur rôle dans leur catégorie?
☐ L'aménagement supporte-t-il le positionnement de l'enseigne?
☐ Le magasin est-il toujours propre?
☐ La musique est-elle appropriée à la clientèle?
☐ Est-ce que je me sers de la musique pour accélérer ou ralentir le rythme de mes clients en magasin selon les périodes de pointe?
☐ Y a-t-il lieu d'utiliser un diffuseur d'odeur?
☐ Les promotions sont-elles faciles à repérer pour les clients?
☐ L'affichage promotionnel est-il conforme au positionnement de l'enseigne?
☐ Les promotions permettent-elles d'optimiser le circuit de magasinage du client?

NOTES

MODULE 7

LA LOCALISATION

Une bonne localisation accessible et visible représente
un réel avantage pour le détaillant. Ce module décrit les
caractéristiques des différents sites et les aspects à
considérer dans le choix d'un site.

LA LOCALISATION

OBJECTIFS DU MODULE

⬡ Connaître les facteurs qui influencent le choix d'une localisation commerciale.

⬡ Connaître les stratégies spatiales de la localisation.

⬡ Connaître les différentes perspectives géographiques de la localisation.

CONNAISSANCES

⬡ La localisation commerciale

⬡ Les types d'emplacements commerciaux

⬡ Le cycle de vie des lieux commerciaux

⬡ Les stratégies spatiales

SECTION 7.1
LE CHOIX D'UN SITE

L'IMPORTANCE DE LA LOCALISATION:
LOCATION, LOCATION, LOCATION

Un bon site peut être un avantage suffisamment fort pour combler d'autres faiblesses, mais un mauvais site peut devenir un inconvénient presque impossible à surmonter!

- Un commerçant qui choisit une mauvaise localisation se retrouve généralement dans une situation concurrentielle désavantageuse.
- Afin de combler cette faiblesse, celui-ci devra apporter des ajustements substantiels au mix : service, prix, communication, etc.

En raison de la forte concurrence, ouvrir une nouvelle succursale est plus risqué aujourd'hui qu'il y a cinq ou dix ans :

- Les marchés sont à maturité et le niveau de concurrence est élevé.
- Peu de sites attrayants sont disponibles sur le marché.

Il est donc crucial de faire évaluer le potentiel de ventes d'un site par des experts avant de finaliser la transaction d'achat ou de location afin de réduire le risque financier.

Six façons de choisir une mauvaise localisation
1. Choisir un emplacement près de votre demeure même si les caractéristiques de ce dernier sont mauvaises.
2. Oublier l'importance cruciale de certains aspects comme la visibilité ou l'accessibilité.
3. Choisir une localisation qui peut être facilement déclassée par un concurrent majeur.
4. Être l'un des derniers à amener un concept dans un marché déjà saturé par les concurrents.
5. Être satisfait, sans vous inquiéter qu'il n'y ait aucun concurrent dans le marché que vous convoitez.
6. Ignorer le rapport sociodémographique qui vous indique que les résidents des quartiers avoisinant votre site ne sont pas la clientèle que vous recherchez pour votre concept commercial.

Source : Groupe Altus Recherche Marketing

CHOIX D'UN SITE ET TYPE DE BIENS

Type de biens	Courant, réfléchi ou spécialité
Processus de magasinage	Destination ou interception
Positionnement	Escompte, moyen de gamme, haut de gamme

Les qualités d'un site sont déterminantes dans le succès d'une entreprise qui vend des biens ou des services courants et le sont moins pour celles qui vendent des spécialités.

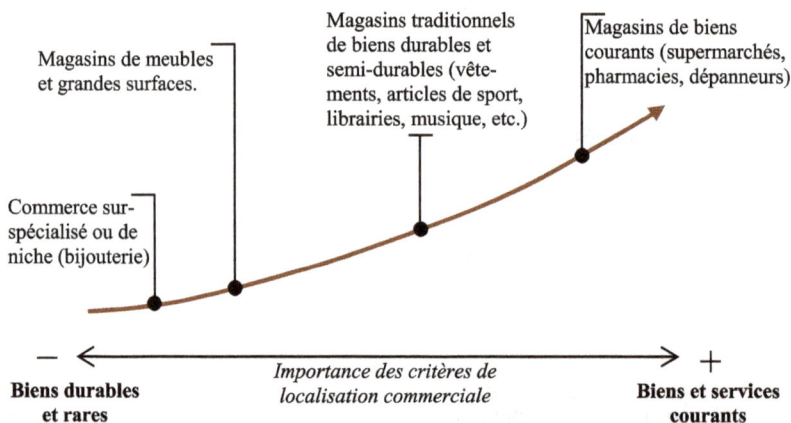

Magasins de meubles et grandes surfaces.

Magasins traditionnels de biens durables et semi-durables (vêtements, articles de sport, librairies, musique, etc.)

Magasins de biens courants (supermarchés, pharmacies, dépanneurs)

Commerce sur-spécialisé ou de niche (bijouterie)

Importance des critères de localisation commerciale

Biens durables et rares — ← → + **Biens et services courants**

Source : Groupe Altus Recherche Marketing

Magasin à destination	Magasin d'interception
▣ Attire une forte proportion de la clientèle en raison de : ▪ Rapport qualité/prix ; ▪ Image/positionnement ; ▪ Exclusivité de l'offre.	▣ Profite de l'achalandage propre à un lieu (exemple : magasin de chaussures dans un centre commercial) ; ▣ Limite : profil de la clientèle du centre commercial.
Requiert une étude détaillée	*Requiert une étude moins détaillée*

SECTION 7.2
LES TYPES DE SITES

LES SECTEURS D'AFFAIRES

SECTEUR D'AFFAIRES NON PLANIFIÉ	Zone commerciale où les ouvertures de magasins ne se font pas sur la base d'un plan de développement à long terme contrairement au secteur d'affaires planifié.
✪ Rue commerciale	Regroupement de quelques magasins.
✪ Centre-ville	Regroupement de plusieurs magasins et bureaux.
SECTEUR D'AFFAIRES PLANIFIÉ	Zone commerciale où les ouvertures de magasins se font sur la base d'un plan de développement à long terme.
✪ Centres commerciaux	Différents types de centres qui ont des avantages distincts.

CARACTÉRISTIQUES DES PRINCIPAUX TYPES D'EMPLACEMENTS COMMERCIAUX

Types d'emplacements	Locomotives	SLB* (pi. ca.)	Zone d'influence	Type de magasins adaptés
Centre régional	Magasins à rayons traditionnels	Plus de 400 000	10 – 40 km	Biens modes, magasins spécialisés, accessoires maison, etc.
Centre communautaire	Supermarchés, magasins à rayons (traditionnels ou « juniors »)	100 000 à 400 000	5 à 10 km	Supermarchés, pharmacies, biens modes (surtout à escompte), magasins spécialisés, etc.
Centre de voisinage ou artère de quartier	Supermarchés, pharmacies	≤ 100 000	≤ 5 km	Biens et services courants, restauration
Mégacentre	Centres de rénovation, club-entrepôts, magasins à rayons à escompte, etc.	300 000 à 800 000	10 à 30 km	Grandes surfaces, magasins de destination, chaînes à forte notoriété
Lifestyle	Chaînes à forte notoriété (biens modes, accessoires maison, divertissement)	150 000 à 500 000	10 à 20 km	Biens modes, accessoires maison, biens et services culturels (livres, musique, spectacles, cinéma, etc.)

* SLB : Superficie locative brute
Source : Groupe Altus Recherche Marketing

Les différents types de centres commerciaux ont chacun leurs avantages et leurs inconvénients	
✪ Visibilité et achalandage	✪ Rendements
✪ Coûts de loyer	✪ Synergie avec d'autres commerces
✪ Niveau de service	

**AUTRES CARACTÉRISTIQUES
DES EMPLACEMENTS COMMERCIAUX**

Caractéristiques	Centre régional	Centre communautaire	Mégacentre	Centre *Lifestyle*	Artère commerciale
Pouvoir d'attraction	Élevé	Faible à moyen	Moyen à élevé	Moyen à élevé	Faible à élevé
Typologies commerciales dominantes	Biens modes	Biens courants et biens modes	Biens courants et durables	Biens modes	Biens courants Restauration Services
Synergie	Élevée	Moyenne	Faible	Moyenne à élevée	Moyenne
Rapidité de magasinage	– –	–	+ +	+	+
Types d'achats dominants	Plaisirs	Pratiques/ corvée	Pratiques/ corvée	Plaisirs	Plaisirs Pratiques/ corvée

Source : Groupe Altus Recherche Marketing

**LOYER
SELON LE TYPE D'EMPLACEMENT COMMERCIAL**

Loyer	Centre régional	Centre *Lifestyle*	Power Centre	Commu-nautaire	Quartier	Meilleurs sites – rue Ste-Catherine
Loyer de base net	43,00 $/pi²	25,00 $/pi²	20,00 $/pi²	15,50 $/pi²	17,00 $/pi²	166,00 $/pi²
Frais communs	15,00 $/pi²	3,50 $/pi²	2,00 $/pi²	7,00 $/pi²	4,00 $/pi²	4,00 $/pi²
Taxes foncières	16,00 $/pi²	6,50 $/pi²	5,00 $/pi²	6,00 $/pi²	5,00 $/pi²	16,00 $/pi²
Promotion	3,00 $/pi²	n/a	n/a	0,50 $/pi²	n/a	n/a
TOTAL	77,00 $/pi²	35,00 $/pi²	27,00 $/pi²	29,00 $/pi²	26,00 $/pi²	186,00 $/pi²
Ventes	434 $/pi²	304 $/pi²	241 $/pi²	218 $/pi²	n.d.	n.d.
Gross Occupancy Cost (GROC) (Loyer brut/ventes)	17,7 %	11,5 %	11,2 %	13,3 %	–	–

Source : Groupe Altus Recherche Marketing, données 2011

UNE HIÉRARCHIE
DE CENTRES COMMERCIAUX

LES CENTRES COMMERCIAUX
DANS LA RMR* DE MONTRÉAL EN 2006

Taille	Nombre de centres	Répartition en %	Superficie totale en pi.ca	Répartition en %
Plus de 500 000 pi.ca	19	8,0 %	15 231 486	33,8 %
Entre 250 000 et 499 999 pi.ca	36	15,1 %	12 080 870	26,8 %
Entre 100 000 et 249 999 pi.ca	72	30,3 %	11 560 131	25,7 %
Moins de100 000 pi.ca	111	46,6 %	6 186 915	13,7 %
Total	238	100,0 %	45 059 402	100,0 %

Source : Groupe Altus Recherche Marketing
* Région métropolitaine de recensement

QUELQUES GRANDS CENTRES COMMERCIAUX
(*MEGAMALLS*) DANS LE MONDE

Centres commerciaux	Année d'ouverture	Superficie (pi.ca)	Nombre de magasins
South China Mall Dongguan, Chine	2005	9 600 000	1 500
Golden Resources Beijing, Chine	2004	7 300 000	1 000
West Edmonton Mall Edmonton, Canada	1981	5 300 000	800
Beijing Mall Beijing, Chine	2005	4 700 000	600
Grandview Mall Guangzhou, Chine	2005	4 500 000	600
Mall of America Bloomington, États-Unis	1992	4 200 000	520
SM Mall of Asia Pasay City, Philippines	2006	4 200 000	600

Source : Groupe Altus Recherche Marketing

CYCLE DE VIE DES CENTRES COMMERCIAUX RÉGIONAUX, DES MÉGACENTRES ET DES GRANDES SURFACES

Centres commerciaux régionaux

| **Croissance** (Assortiments et divertissement) | **Déclin** (Surcapacité et homogénéité) | Concurrence entre mégacentres |

1980   1990   2000

Mégacentres et grandes surfaces

| -- | **Croissance** (Prix et commodité) | **Maturité** (Concurrence entre mégacentres) |

Source : Groupe Altus Recherche Marketing

CYCLE DE VIE DES LIEUX COMMERCIAUX

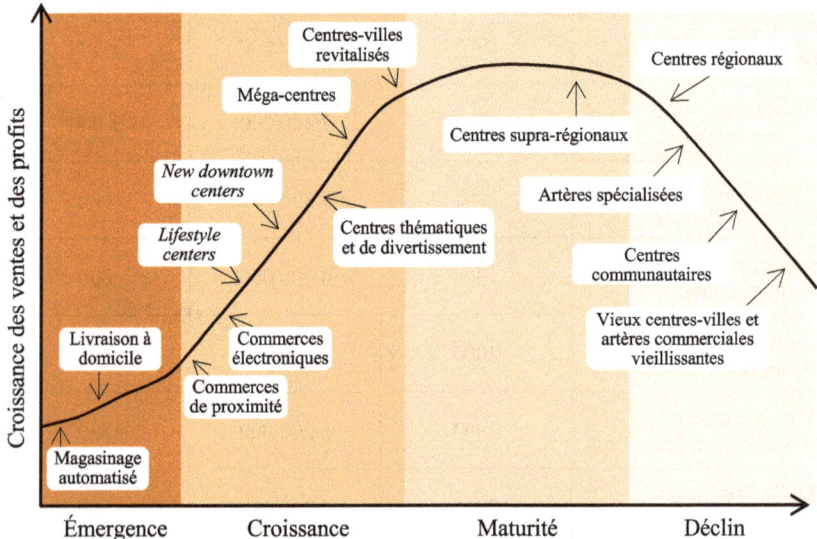

Croissance des ventes et des profits

Centres-villes revitalisés
Méga-centres
New downtown centers
Lifestyle centers
Centres thématiques et de divertissement
Commerces électroniques
Commerces de proximité
Livraison à domicile
Magasinage automatisé
Centres-villes revitalisés
Centres supra-régionaux
Artères spécialisées
Centres régionaux
Centres communautaires
Vieux centres-villes et artères commerciales vieillissantes

Émergence   Croissance   Maturité   Déclin

Source : Groupe Altus Recherche Marketing

CONCEPTS COMMERCIAUX ET COMPORTEMENTS DES CONSOMMATEURS

🔹 Les habitudes envers les regroupements de grandes surfaces se consolident : hausse de la fréquence des visites.

🔹 La fréquence des visites au centre commercial traditionnel s'érode, mais il reste encore le concept le plus répandu et le plus fréquenté par la majorité de la population.

QUÉBÉCOIS AYANT FRÉQUENTÉ AU MOINS UNE FOIS LES DESTINATIONS COMMERCIALES
(au cours des trois mois précédant l'entrevue)

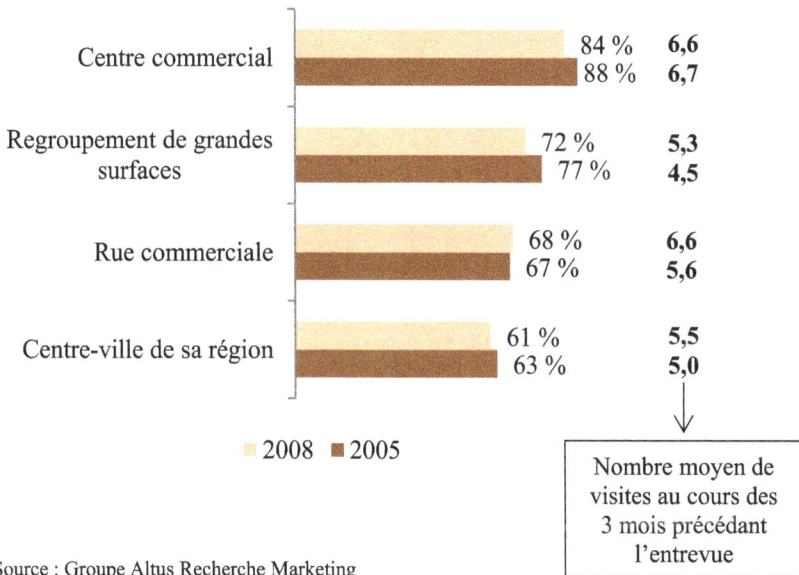

	2008	2005
Centre commercial	84 % — 6,6	88 % — 6,7
Regroupement de grandes surfaces	72 % — 5,3	77 % — 4,5
Rue commerciale	68 % — 6,6	67 % — 5,6
Centre-ville de sa région	61 % — 5,5	63 % — 5,0

■ 2008 ■ 2005

Nombre moyen de visites au cours des 3 mois précédant l'entrevue

Source : Groupe Altus Recherche Marketing

SECTION 7.3
LES ÉTUDES DE LOCALISATION ET DE PROVENANCE

La localisation commerciale consiste à identifier, délimiter, évaluer et choisir :

- Les marchés ;
- Les zones de chalandise ;
- Les emplacements.

Les stratégies spatiales	
L'expansion	Implantation de nouveaux points de vente sur de nouvelles aires de marché destinés à des segments de clientèle connus.
La pénétration	Implantation de nouveaux points de vente dans des aires de marché ou des magasins de même type (positionnés sur le même créneau) et appartenant à la même société.
L'amélioration des performances	Modernisation des points de vente existants pour les rendre plus attractifs.
Le repositionnement	Modification des points de vente existants afin d'attirer une nouvelle cible de clients.
La diversification	Implantation de nouveaux points de vente dans de nouvelles aires de marché à destination de nouveaux segments de clientèle.
L'intensification	Implantation de nouveaux points de vente destinés à de nouveaux segments de clientèle dans les aires de marché où la première enseigne est déjà présente.

Source : Groupe Altus Recherche Marketing

DES STRATÉGIES ÉVOLUTIVES…

Les stratégies évoluent dans le temps
selon les changements dans les marchés.

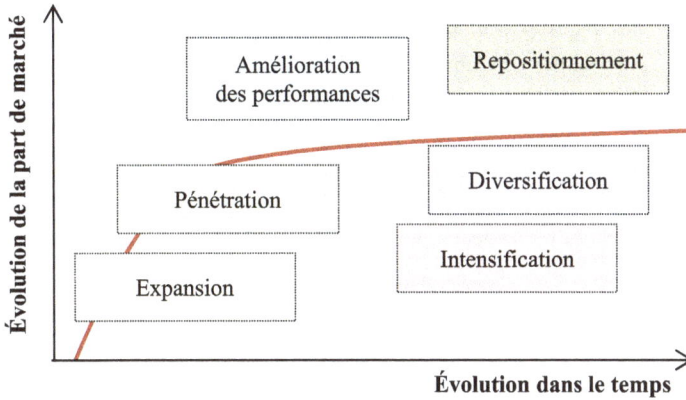

Expansion :	Introduction du concept sur de nouveaux marchés.
Pénétration de marché :	Ajouts de nouveaux magasins dans un marché existant.
Amélioration de la performance :	Rénovation, agrandissement.
Repositionnement :	Relocalisation, conversion à un autre concept, venue d'un concurrent.

PERSPECTIVES GÉOGRAPHIQUES DE LA LOCALISATION

Quatre niveaux d'analyse :

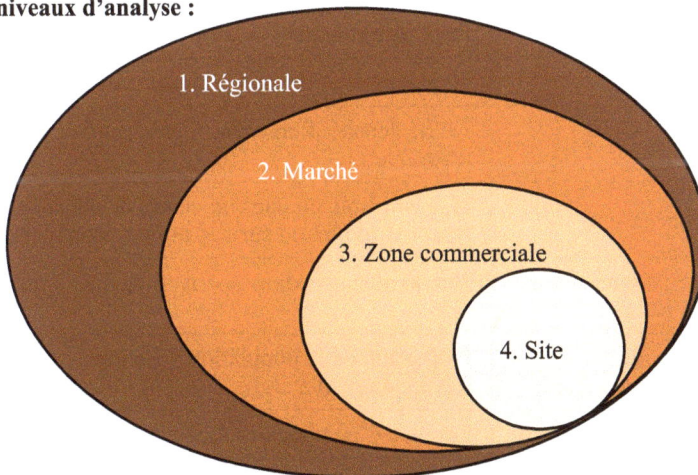

Perspectives géographiques de la localisation

1. Analyse régionale

- ✚ Quelles sont les zones géographiques à fort potentiel?
- ✚ S'applique surtout dans le cas d'une stratégie d'expansion de marché. Par exemple, lorsque la chaîne de magasins *H&M* a décidé de s'implanter au Canada, il a fallu déterminer dans quelle province les premiers magasins allaient être ouverts.

2. Analyse de la zone géographique (le marché)

- ✚ Quels sont les marchés potentiels?
- ✚ Au sein de la zone régionale sélectionnée (Québec), quels sont les marchés intéressants pour l'enseigne (Montréal, Québec, etc.)?

3. Les indicateurs de potentiel

- ✚ Caractéristiques démographiques
- ✚ Caractéristiques de la population cible
- ✚ Caractéristiques économiques
- ✚ Goûts/préférences des consommateurs
- ✚ Potentiel de marché
- ✚ Intensité de la compétition
- ✚ Restrictions légales
- ✚ Transport et réseau routier

CRITÈRES REQUIS POUR L'OUVERTURE D'UN SITE

Critères	Exemple
Superficie	Bâtiment de 8 à 10 000 pi.ca
Coût	18 $ à 20 $/pi.ca
Accessibilité	Artère majeure Coin de rue Aucun problème d'entrée Feux de circulation ou stop
Stationnement	40 places ou 25 hors rue/20 sur rue
Visibilité	Faible densité d'enseigne à proximité de la rue favorable
Environnement	Magasin isolé ou dans un centre de voisinage de type « strip » et/ou sur une artère commerciale
Nombre de ménages, zone d'influence	20 000 ménages dans un rayon de 8 à 10 minutes en auto
Caractéristiques Sociodémographiques	Proportion de la population 4 à 45 ans Revenu moyen à élevé
Concurrence	Pas plus d'un concurrent dans la zone d'influence

Perspectives géographiques de la localisation

4. Analyse de la zone commerciale

- Quelles sont les zones potentielles au sein du marché délimité?
- Exemple : quels sont les emplacements intéressants dans la zone de la région métropolitaine de Montréal?

5. Analyse du site

- Quel est le potentiel du site?
- Avant de déterminer le choix final d'un site, il est judicieux d'évaluer son potentiel de ventes. Cette tâche devrait être réalisée par des experts.
- Les études de provenance relatives à un site sont peu coûteuses. Elles permettent de réduire le risque financier et de mieux cibler les objectifs de marketing en précisant les caractéristiques de la clientèle.

Éléments d'analyse du site

- La délimitation des zones commerciales
- L'analyse de la demande
- L'analyse de la concurrence
- La prévision des ventes

ANALYSE DE LA ZONE COMMERCIALE
PÔLES COMMERCIAUX DE LA RÉGION MÉTROPOLITAINE DE MONTRÉAL

> *L'attrait des différents pôles commerciaux a évolué dans le temps.*

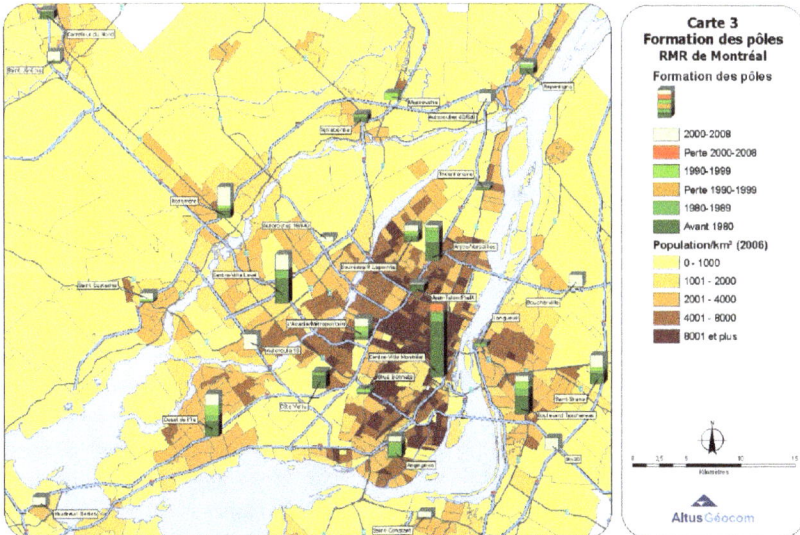

Carte 3
Formation des pôles
RMR de Montréal

ANALYSE DE LA ZONE COMMERCIALE
PÔLES COMMERCIAUX DE LA RÉGION MÉTROPOLITAINE DE MONTRÉAL

> *La région métropolitaine de Montréal*
> *regroupe plusieurs pôles commerciaux majeurs.*

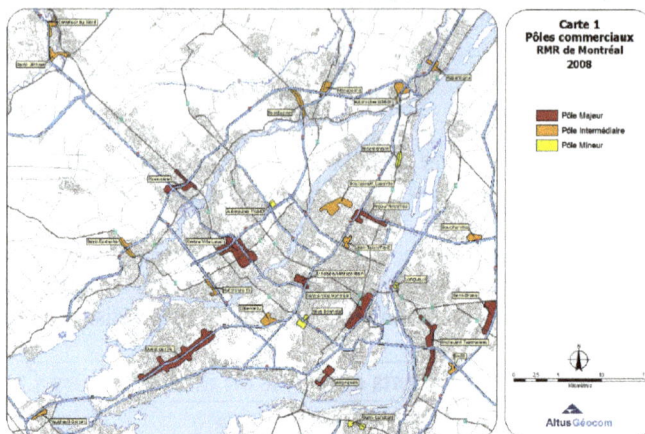

Carte 1
Pôles commerciaux
RMR de Montréal
2008

Pôle Majeur
Pôle Intermédiaire
Pôle Mineur

AltusGéocom

PARTS DE MARCHÉ DES PÔLES COMMERCIAUX DE LA RÉGION
MÉTROPOLITAINE DE MONTRÉAL PAR CATÉGORIES COMMERCIALES

> *Les ventes réalisées par l'ensemble des pôles commerciaux*
> *de la région métropolitaine de Montréal représentent*
> *69,3 % des ventes de la région.*

Type	Type Statistique Canada	Part de marché
Maison		**64,5 %**
	Magasins de meubles	82,1 %
	Centres de rénovation et quincailleries	43,3 %
	Magasins d'appareils électroniques et d'électroménagers[2]	80,2 %
	Magasins d'accessoires de maison[2]	83,5 %
	Magasins d'ordinateur et de logiciels	34,5 %
Marchandises générales		**75,1 %**
	Autres magasins de marchandises diverses	
	Grands magasins	
Biens courants		**22,7 %**
	Supermarchés	28,6 %
	Pharmacies et magasins de produits et de soins personnels	17,5 %
	Dépanneurs et magasins d'alimentation spécialisés	8,7 %
Biens modes		**88,2 %**
	Magasins de vêtements[2]	88,4 %
	Magasins de chaussures, d'accessoires vestimentaires et bijouteries[2]	87,4 %
Autres		**46,0 %**
	Magasins d'articles de sport, de passe-temps, de musique et de livres	57,6 %
	Magasins de détail divers	34,5 %
Restauration		**24,3 %**
	Services de restauration et débits de boissons	
Services		**11,3 %**
	Services de soins personnels	11,3 %
	Location de films	26,0 %
	Services de nettoyage à sec et de blanchissage	9,6 %
	Réparation et entretien d'articles personnels et ménagers	
Total		**44,7 %**
Total excluant les biens courants, la restauration et les services		**69,3 %**

1) Basé sur le potentiel commercial de la RMR de Montréal.
2) Un facteur de 1,15 a été appliqué à ces typologies afin de représenter le potentiel hors RMR.

Source : Groupe Altus Recherche Marketing

DÉFINITION
DE LA ZONE COMMERCIALE

À l'aide des codes postaux collectés à partir d'une étude consommateurs, il est possible d'identifier les zones primaire, secondaire et tertiaire.

ÉTUDE DE PROVENANCE
PAR CODES POSTAUX

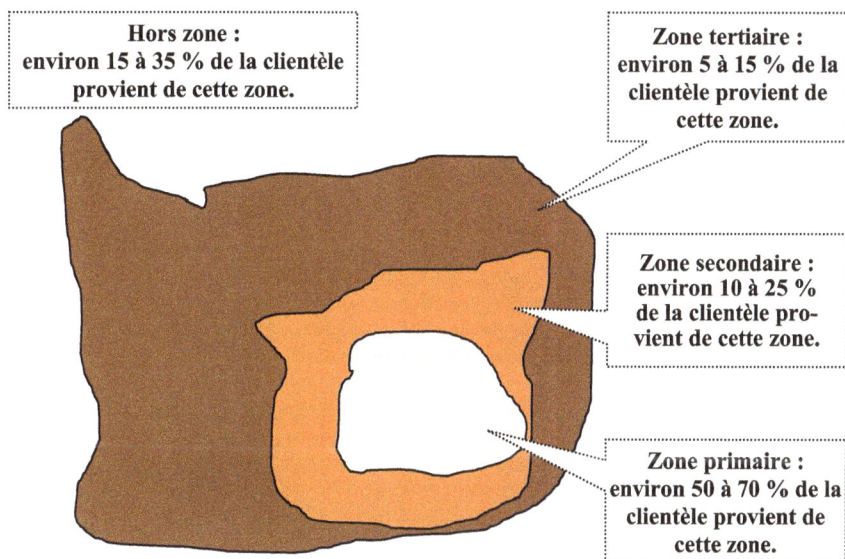

Hors zone :
environ 15 à 35 % de la clientèle provient de cette zone.

Zone tertiaire :
environ 5 à 15 % de la clientèle provient de cette zone.

Zone secondaire :
environ 10 à 25 % de la clientèle provient de cette zone.

Zone primaire :
environ 50 à 70 % de la clientèle provient de cette zone.

LES ÉLÉMENTS QUI DÉTERMINENT
L'ÉTENDUE DE LA ZONE COMMERCIALE

- Le type de biens.
- Le type de localisation.
- La densité de la population.
- Les barrières :
  - Géographiques (exemple : cours d'eau, falaise) ;
  - Sociales (exemple : différences culturelles ou de revenus) ;
  - Psychologiques (exemple : traverser une zone industrielle).
- La localisation des concurrents.
- La localisation des magasins sœurs.
- Le système routier en place.

DÉLIMITATION DE LA ZONE COMMERCIALE
RÉPARTITION DES CODES POSTAUX

À partir des codes postaux des clients d'un point de vente, nous pouvons délimiter les zones commerciales.

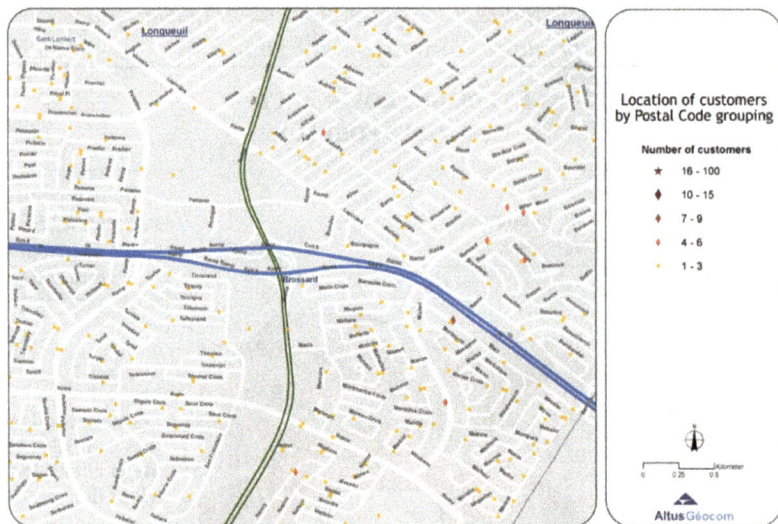

DÉLIMITATION DE LA ZONE COMMERCIALE

La zone orangée délimite la zone primaire et la zone en jaune circonscrit la zone secondaire.

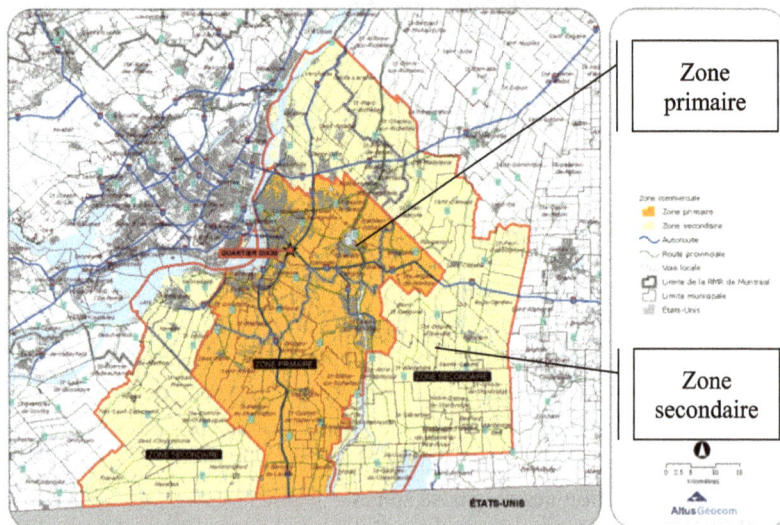

ANALYSE DE LA DEMANDE

Dans l'évaluation du potentiel de ventes d'un site, il faut considérer les différents types de clientèles présentes dans la zone d'influence :

- Les résidents ;
- Les travailleurs et les étudiants à proximité du site ;
- Les touristes et les villégiateurs.

Potentiel de marché	=	Nombre de personnes ou de ménages	×	Dépense moyenne par personne ou par ménage
799 000 $	=	17 000 personnes	×	47,00 $ par personne

EXEMPLE POUR UN CENTRE DE RÉNOVATION

Le tableau suivant présente les données détaillées de l'analyse de la demande pour un centre de rénovation fictif. Dans ce cas, la dépense moyenne varie selon les caractéristiques du ménage.

33 150 000 $	=	39 000 ménages propriétaires	×	850,00 $ par ménage
+				
6 500 000 $	=	26 000 ménages locataires	×	250,00 $ par ménage
=				
39 650 000 $				

ÉVALUATION DU POTENTIEL DE VENTES DE LA ZONE COMMERCIALE

Secteur géographique	Nombre de clients*	Dépense par ménage	Nombre de ménages 2011	Potentiel de ventes	% clients	Ventes estimées	Part de marché
2467015	362	562 $	8 560	4 810 600 $	16,1 %	1 399 733 $	29,1 %
2467020	251	544 $	5 970	3 247 500 $	11,2 %	970 533 $	29,9 %
2458007	1 094	640 $	27 370	17 516 000 $	48,6 %	4 230 133 $	24,2 %
2467010	74	658 $	1 925	1 266 650 $	3,3 %	286 133 $	22,6 %
2457010	62	592 $	2 640	1 563 000 $	2,8 %	239 733 $	15,3 %
2457005	191	556 $	8 535	4 745 550 $	8,5 %	738 533 $	15,6 %
2467035	185	652 $	8 350	5 444 750 $	8,2 %	715 333 $	13,1 %
2455030	9	652 $	445	290 050 $	0,4 %	34 800 $	12,0 %
2467005	14	632 $	755	477 350 $	0,6 %	54 133 $	11,3 %
2468045	8	641 $	450	288 550 $	0,4 %	30 933 $	10,7 %
Total	**2 250**	**610 $**	**65 000**	**39 650 000 $**	**100,0 %**	**8 700 000 $**	**21,9 %**

* Estimé à partir d'une étude de provenance
Source : Groupe Altus Recherche Marketing

ANALYSE DE LA CONCURRENCE

Concurrents directs	☐ Concurrents dont le concept est très similaire au vôtre.
Concurrents indirects	☐ Concurrents qui vendent des produits similaires aux vôtres, mais avec des différences de thématique, de prix, de qualité et de choix de produits. ☐ Concurrents qui vendent une partie de votre assortiment de produits.

☐ Une mesure quantitative et qualitative de l'offre commerciale :
  - Nombre de concurrents ;
  - Positionnement, culture d'entreprise, etc.

☐ Grille d'évaluation (enseigne, type de localisation et superficie) :
  - Forces et faiblesses au niveau de :
    o La localisation ;
    o Le mix commercial : prix, produits, service, communication, marchandisage ;
    o Les parts de marché : l'estimation des ventes ;
    o La pénétration du marché : la répartition des points de vente.

MÉTHODES DE PRÉVISIONS DES VENTES

Les prévisions des ventes sont faites à partir de modèle de prédiction	☐ La méthode des ratios ☐ Les taux de pénétration ☐ La méthode par analogie ☐ Le modèle de gravité ☐ La régression multiple
Autres critères à considérer	☐ Description du site ☐ Condition du bail ☐ Ratio de stationnement ☐ Circulation routière ☐ Accessibilité et visibilité ☐ Accès au transport public ☐ Synergie avec les autres commerces

Aspect dynamique
Le potentiel d'un site varie dans le temps en raison de l'évolution des contextes commerciaux et résidentiels.

QUESTIONS À SE POSER
◘ Quels sont les avantages et inconvénients de mon site?
◘ Mon site est-il supérieur à celui de mon principal concurrent, par exemple au niveau de l'accessibilité, de la visibilité ou de la capacité de stationnement?
◘ Dans quelle zone géographique puis-je espérer aller chercher la majorité de ma clientèle?
◘ Ma zone est-elle en croissance ou en décroissance démographique?
◘ Est-ce que les caractéristiques sociodémographiques de la population dans ma zone correspondent toujours à celles de ma clientèle visée?
◘ Suis-je dans un marché déjà trop concurrentiel?
◘ Est-ce que dans le marché visé, un concurrent pourrait avoir un meilleur emplacement que mon emplacement actuel?
◘ Y a-t-il des marchés ou sous-marchés que je pourrais mieux desservir?
◘ Mon emplacement est-il cohérent à l'ensemble de mon mix détail stratégique?

NOTES

MODULE 8

COMMUNICATION ET
SERVICE À LA CLIENTÈLE

La communication auprès des publics de l'entreprise permet de présenter l'offre. Elle joue un rôle déterminant dans les perceptions de l'offre de l'entreprise. Elle est une source d'information pour les consommateurs et influence directement l'achalandage, les ventes et la rentabilité de l'enseigne. Ce module décrit les composantes de la communication et l'impact des nouvelles technologies sur les stratégies de communication.

COMMUNICATION ET SERVICE À LA CLIENTÈLE

OBJECTIFS DU MODULE

- Connaître les aspects de la communication interne et de la communication externe.

- Comprendre le rôle stratégique de la communication.

- Saisir l'impact des nouvelles technologies sur la stratégie de communication.

- Connaître les aspects du service à la clientèle.

CONNAISSANCES

- Le plan de communication
- La publicité
- La promotion
- Les relations publiques
- Les commandites
- Les technologies de l'information et la vente
- Le service à la clientèle

SECTION 8.1
LA COMMUNICATION ET LA VENTE

COMMUNICATION ET POSITIONNEMENT

La communication est une variable stratégique.
Les actions de communication doivent supporter
le positionnement de l'enseigne.

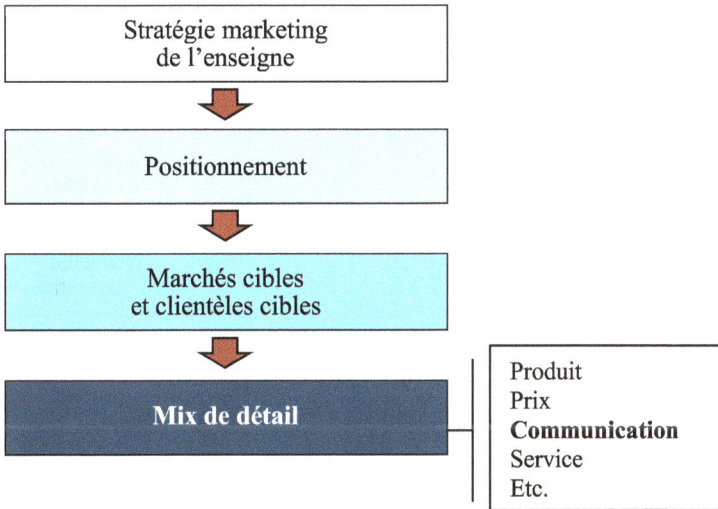

Stratégie marketing
de l'enseigne

⬇

Positionnement

⬇

Marchés cibles
et clientèles cibles

⬇

Mix de détail

Produit
Prix
Communication
Service
Etc.

LA COMMUNICATION

La communication ne se limite pas à la publicité et à la
promotion. Elle englobe toutes les formes de communication
visant à transmettre des informations aux divers publics cibles.

**Communication
interne**

- Actionnaires
- Fournisseurs
- Employés
- Autres partenaires

**Communication
externe**

- Clientèle
- Consommateurs potentiels
- Tous les autres publics

LE PLAN
DE COMMUNICATION

Il est indispensable d'élaborer un plan de communication en début de période. Ce plan doit :

Répondre à des objectifs précis afin de se doter de repères pour mesurer l'impact des actions de communication. Exemple:

- Augmenter le niveau de notoriété de 15 %
- Accroître l'achalandage en magasin de 5 %
- Augmenter la dépense par transaction de 5 $

Être proactif et réactif afin de consolider sa position sur le marché et de réagir à des situations imprévues:

- Actions de la concurrence
- Liquidation de stocks
- Nouvelles réglementations

LES ÉLÉMENTS
DU PLAN DE COMMUNICATION

Identification des **objectifs des publics ciblés** et des **stratégies** de communication.

Élaboration du **plan** de communication (mix de communication).

Détermination et allocation du **budget** de communication et échéancier.

Mise en oeuvre du plan de communication et échéancier.

Évaluation du mix, **mesure de l'efficacité** de chacune des pratiques et ajustements du plan.

LE PLAN DE COMMUNICATION INTÉGRÉE

Un plan de communication efficace :
1. Englobe et intègre un ensemble de messages et de supports média pour rejoindre les différentes clientèles ;
2. Précise les objectifs pour chaque élément du plan de communication ;
3. Répartit le budget entre les différents éléments du mix selon les priorités ;
4. Précise les activités à réaliser et les échéanciers.

En général, le budget peut représenter entre 1 % et 3 % des ventes. Bien qu'il puisse être tentant de réduire les dépenses de communication en période de restriction budgétaire, il faut y penser deux fois avant de diminuer cette dépense.

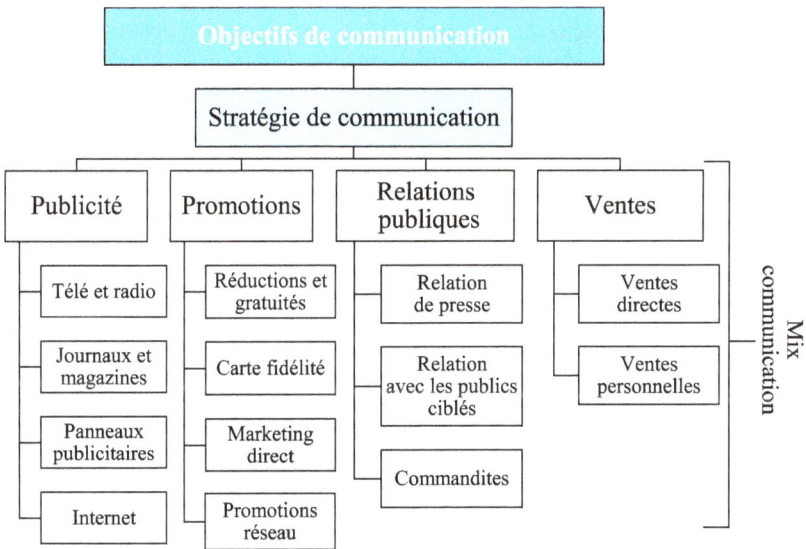

DÉFI : RETENIR L'ATTENTION DES CONSOMMATEURS DE PLUS EN PLUS SOLLICITÉS

PUBLICITÉ
Télévision, journaux, magazines, publipostage, etc.

PROMOTION
Circulaires papiers et électroniques, promotions en magasin, télévision, radio, journaux, médias sociaux.

INFORMATION
Médias traditionnels, textos, courriels, téléphones intelligents, lieux publics, médias sociaux.

SECTION 8.2
LA PUBLICITÉ ET LA PROMOTION

PUBLICITÉ

La publicité correspond à l'ensemble des actions mises en œuvre par une enseigne pour faire connaître ses produits ou ses services et en promouvoir la vente. Elle vise principalement à augmenter :

- La notoriété
- L'achalandage
- Les ventes
- La part de marché

La publicité joue un rôle de base dans la formation des perceptions des consommateurs face à l'entreprise. La publicité doit donc refléter le positionnement de l'entreprise et rejoindre les valeurs et les tendances des publics cibles.

Si la publicité comporte une part de créativité, une campagne publicitaire efficace s'appuie assurément sur une analyse détaillée de l'environnement externe et interne (module 1 et 2). Une telle analyse permet de dégager l'information stratégique sur le marché et sur l'entreprise. À la lumière de ces informations, la communication devient plus efficace.

La réponse à ces questions permet de définir les éléments du plan de communication.

- Quelles sont les principales forces de l'entreprise?
- Quel est le positionnement des principaux concurrents?
- Quelles sont les perceptions des consommateurs envers les différentes enseignes concurrentes?
- Comment l'entreprise se distingue-t-elle de ses concurrents?
- Quelles sont les habitudes médias de la clientèle?
- Quels sont les bénéfices recherchés de la clientèle cible?
- Quel est le positionnement de l'enseigne?

LES COMPOSANTES DE LA CAMPAGNE PUBLICITAIRE

Il y a deux grandes composantes :
le contenu du message et le placement média.

Le contenu du message	◙ L'argumentaire développé en accord avec les grandes lignes stratégiques et conformes aux objectifs visés.
Le placement média	◙ La sélection des médias et la détermination de la fréquence d'apparition des messages : ■ La sélection des médias se fait en fonction des publics cibles et de la portée des médias tout en respectant le budget publicitaire initial ; ■ Le type de commerce et la clientèle visée peuvent influencer le choix des médias. Par exemple, un commerce indépendant qui vise une clientèle de proximité sera mieux servi par une publicité dans un hebdomadaire local que dans un quotidien à grande distribution.

◙ L'approbation du placement média nécessite l'évaluation de :
  ■ La portée globale de chacune des offensives publicitaires choisies : le nombre de personnes de la population cible rejointes une fois ou plus par la publicité ;
  ■ La fréquence moyenne : le nombre moyen de fois où la cible sera exposée aux apparitions de la publicité ;
  ■ Le P.E.B.* de chaque publicité : l'ensemble des points d'expositions, mesuré en multipliant la portée en pourcentage par la fréquence moyenne.
  * Point d'exposition brut (1 P.E.B. = 1 % de la population)

DÉPENSES PUBLICITAIRES
SELON LES DIFFÉRENTS MÉDIAS AU CANADA

Médias	2000	2005	2009	2012
Télévision	35,4 %	35,2 %	35,5 %	31,2 %
Journaux	37,3 %	31,1 %	21,9 %	17,4 %
Internet	**1,6 %**	**6,6 %**	**19,1 %**	**27,5 %**
Radio	14,5 %	15,3 %	14,9 %	19,9 %
Magazines	7,4 %	7,8 %	6,3 %	5,9 %
Extérieur	3,8 %	4,0 %	4,3 %	4,1 %
Total	100 %	100 %	100 %	100 %

Source : Adapté de emarketer.com, *The Global Media Intelligence Report*, 8 septembre 2010

◙ Hausse soutenue de la part des dépenses publicitaires allouées à l'Internet depuis 2000.
◙ Baisse progressive de la part des dépenses de publicité dédiées aux journaux.

LA TÉLÉVISION :
UN CONTENU ENCORE CONSOMMÉ EN DIRECT

La publicité traditionnelle à la télévision a toujours sa raison d'être :

- Les Canadiens consomment en moyenne 27 heures de télévision par semaine comparativement à 33 heures pour les Américains.
- Les deux-tiers préfèrent encore regarder la télévision « en direct ».
- La majorité (55 %) des auditeurs utilisent un autre media simultanément :
  - 29 % font l'envoi de courriels ;
  - 29 % naviguent sur Internet ;
  - 16 % envoient des textos ;
  - 13 % utilisent les médias sociaux.

Source : Deloitte's TMT Preductions, *State of the media democracy survey*, fifth edition, www.deloitte.com, avril 2012

PROMOTION

Pour les détaillants, la promotion vise entre autres à augmenter les taux de fréquentation et de rétention de la clientèle.

- Les outils promotionnels permettent également de :
  - Personnaliser l'offre de rabais ;
  - Favoriser l'achat impulsif ;
  - Attirer l'attention sur des produits/catégories spécifiques ;
  - Favoriser l'essai de nouveaux produits ;
  - Attirer de nouveaux clients.
- Contrairement à la publicité, les résultats sont facilement mesurables.
- Importance grandissante du budget dédié à la promotion :
  - Plus des deux tiers (70 %) des décisions d'achat se font sur les lieux de vente (Source : Popai – 2007) ;
  - Forte concurrence entre les différentes enseignes.

Les détaillants/distributeurs bénéficient également de promotions offertes par leurs fournisseurs.

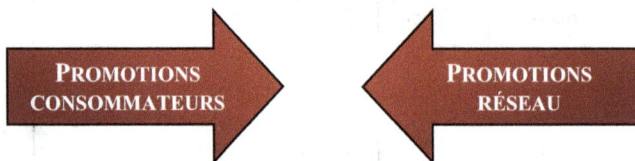

PROMOTIONS CONSOMMATEURS → ← PROMOTIONS RÉSEAU

Activités réalisées par le détaillant et/ou fournisseur :	**Activités réalisées par le fournisseur :**
Réduction de prix	Publicité coopérative
Coupons-rabais	Rabais et escompte
Concours	Concours
Gratuité	Affichage en magasin
Paiement des taxes	Démonstration/dégustation

QUELQUES EXEMPLES DE PROMOTION

Publicité sur les lieux de vente (PLV)

Concours

Coupons/Circulaires

Démonstration en magasin

LES COUPONS ÉLECTRONIQUES

Des sites de groupes d'achat et de coupons électroniques sur Internet attirent de plus en plus d'adeptes.

- Les consommateurs choisissent des coupons sur le site web.
- Les coupons choisis sont soit portés sur la carte de fidélité, soit envoyés au domicile par la poste.
- Collecte de données : chaque sélection effectuée par les consommateurs est enregistrée sur leur profil. Ces données servent de base pour cibler de futures initiatives promotionnelles.

PLV DYNAMIQUE EN MAGASIN

Écrans standards ou tactiles en magasin

- Attirent l'œil.
- Influencent les décisions d'achats en magasin.
- Rendent la communication en magasin plus efficace.

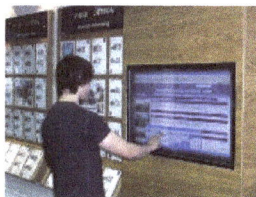

Quelques résultats :
- 89 % des consommateurs sont très favorables à un affichage dynamique sur le lieu de vente.
- 75 % des visiteurs se souviennent d'un affichage digital.
- 24 % d'augmentation des ventes en moyenne générées par une campagne d'affichage dynamique.

Source : États-Unis, *L'eldorado de l'affichage dynamique*, Le Journal du Net, 28 septembre, 2007

LE MARKETING DIRECT : PROMOTION CIBLÉE

Actions promotionnelles orientées vers des cibles précises en fonction de critères de segmentation établis au préalable.

Le pouvoir des bases de données!

- Utilisation de bases de données clients pour le ciblage des envois publicitaires.
- Plus grande efficacité de la promotion.
- Elle peut s'effectuer par envoi postal, par courriel ou par textos.

CANADA POSTES / POST CANADA

« Faites en sorte que votre magazine, journal ou bulletin arrive directement entre les mains de votre lecteur, partout au Canada. »
(Source : www.postescanada.ca)

LES RELATIONS PUBLIQUES

Définition	☐ Une démarche stratégique dont un des objectifs vise à donner de la **visibilité** à l'entreprise en faisant valoir ses actions qui maintiendront ou augmenteront sa **notoriété** et sa **crédibilité.**
Fondements	☐ Les relations publiques jouent un rôle essentiel dans la société de communication qui est la nôtre. ☐ Une entreprise est un citoyen corporatif. ☐ Elle a un rôle économique et social. ☐ Elle a tout avantage à faire connaître sa mission et ses valeurs.
Fonctions	☐ Gestion de l'image de l'entreprise et de l'intangibilité. ☐ Gestion des flux d'information entre l'entreprise et ses publics. ☐ Veille à la cohérence des messages émis par l'entreprise. ☐ Son rôle devient primordial en cas de crise.
Les publics	☐ Les employés. ☐ Les actionnaires. ☐ Les clients. ☐ Les fournisseurs. ☐ Les partenaires d'affaires (banques, gouvernements, etc.).
Tâches et outils	☐ Élaboration des messages à transmettre aux publics. ☐ Relations avec les médias : rencontre de presse, communiqués. ☐ Relations gouvernementales : lobby. ☐ Communication interne auprès des employés : le premier public de l'entreprise. ☐ Communication et gestion de crise. ☐ Organisation d'événements. ☐ Veille d'information : revues de presse, surveillance des médias sociaux, etc. ☐ Annonces publiques, communication financière.

Source : Réseau GARP

EXEMPLE:
ANNONCE DE RÉSULTATS FINANCIERS VIA LE SITE INTERNET

ABC DZ inc. Le groupe
ABCDZ inc.

Communiqué de presse
Pour diffusion immédiate

LE GROUPE ABCDZ - RÉSULTATS DU PREMIER
TRIMESTRE DE L'EXERCICE FINANCIER 2012

- Le résultat net par action a atteint 0,35 $, incluant un gain à la vente d'actions de la filiale DZC de 0,10 $, comparativement à 0,15 $ au cours du premier trimestre de l'exercice financier 2011.
- Les produits atteignaient 485,4 millions de dollars comparativement à 465,6 millions de dollars au cours du premier trimestre de l'exercice financier 2011, soit une augmentation de 4,3 %.

Montréal, Québec, le 14 mai 2012 – *Le Groupe ABCDZ inc.* a publié aujourd'hui ses résultats financiers du premier trimestre de l'exercice financier 2012 terminé le 31 mars 2012.

LES COMMANDITES

- ⬘ Soutien financier d'une entreprise à un organisme, à une activité culturelle, sportive ou humanitaire à laquelle elle s'associe.
- ⬘ De plus en plus populaire : la « commandite sociale », c'est-à-dire le ralliement de l'entreprise à une bonne cause :
  - ▪ Exemples : *IGA Crevier* et l'autisme, *Rona* et les Jeux olympiques de 2010, *Danone* et le *Club des Petits déjeuners du Québec*.

RONA
Commanditaire officiel des jeux olympiques de 2010 à Vancouver
COMITÉ OLYMPIQUE CANADIEN

SECTION 8.4
LA VENTE DIRECTE ET LA VENTE PERSONNALISÉE

LA VENTE DIRECTE

Nécessite un contact direct entre le consommateur et le producteur ou le manufacturier :

- Visite à domicile d'un vendeur ;
- Télémarketing ;
- Vendeurs ambulants ;
- Réseaux de revendeurs (Exemple : *Avon*) ;
- Événements privés ;
- Salon de ventes ;
- Marchés publics ;
- Machines distributrices.

LA VENTE PERSONNALISÉE

La vente personnalisée a l'avantage d'établir une communication directe entre un client et un conseiller à la vente. Ce contact permet :

- D'établir une relation entre le client et l'entreprise ;
- De répondre aux interrogations des clients ;
- De faire des suggestions aux clients ;
- De faciliter le processus d'achat des clients.

La vente personnalisée peut être un élément de différenciation. Elle est un des éléments du service à la clientèle (voir section 8.6). Elle a un impact sur la satisfaction et la fidélité de la clientèle.

> La définition des normes de service donne une idée claire au personnel de vente des attentes de la direction.

Il est important de :

- Préciser les normes de service et de s'assurer qu'elles soient bien intégrées par le personnel de vente et par tous les membres de l'entreprise :
  - Accueil ;
  - Temps d'attente aux différents départements ;
  - Temps d'attente aux caisses ;
  - Connaissance des caractéristiques des produits ;
  - Conseils techniques et suggestions.

- Informer régulièrement le personnel de vente des pratiques attendues par l'entreprise :
  - Les étapes à respecter ;
  - Les nouveautés ;
  - Les produits en promotion.

LES ÉTAPES DE LA VENTE

Pour être efficace,
la vente personnalisée doit suivre diverses étapes.

1. **L'accueil et la prise de contact**	- Être facilement repérable (uniforme, badge). - Établir un climat favorable et accueillant. - Sourire. - Formuler une phrase d'accueil.
2. **L'identification des besoins**	- Poser toutes les questions qui permettent de cerner les besoins du client. - Écouter attentivement les réponses. - Reformuler pour être sûr d'avoir bien compris.
3. **La présentation des articles**	- Présenter des articles qui correspondent aux besoins du client. - Les présenter de manière attrayante. - Ne pas présenter trop d'articles pour éviter la confusion (trois articles maximum). - Continuer à poser des questions ouvertes.
4. **L'argumentation**	- Transformer chaque caractéristique du produit en avantage pour le client. - Insister sur les avantages et les bénéfices du produit qui comble le besoin, au lieu des caractéristiques. - Observer le langage non verbal du client et maintenir un contact visuel avec lui, et non sur le produit.

5. **La réponse aux objections**	- Une objection est une difficulté à satisfaire un besoin.
	- Bien écouter l'objection.
	- Revoir avec le client les avantages du produit en fonction de ses besoins.
	- Utiliser les techniques de réponses classiques comme :
	  • le « oui, mais » ;
	  • l'effritement (diminuer la force de l'objection en posant une série de questions) ;
	  • la technique du boomerang (transformer l'objection en argument).

6. **La conclusion de la vente**	- Poser une question fermée qui implique l'achat. - Accompagner le client à la caisse.
7. **La vente additionnelle**	- À la fin de la vente principale, proposer au client des produits complémentaires.
8. **La prise de congé**	- Remercier le client. - Le rassurer. - Formuler une phrase de prise de congé.

Source : www.lescoursdevente.fr

SECTION 8.5
LES NOUVELLES TECHNOLOGIES ET LA COMMUNICATION

LE POUVOIR DES CONSOMMATEURS

Les nouvelles technologies augmentent le pouvoir des consommateurs en leur offrant une plus grande accessibilité à l'information :

- Web 2.0 et 3.0 (réseaux sociaux) ;
- Téléphone intelligent ;
- Code QR ;
- Wi-fi.

> Ces technologies créent de nouvelles façons de communiquer, partager, rechercher, magasiner, vendre...
> Un nouveau paradigme : le magasinage mobile.

LE MARKETING MOBILE

- Définition : l'ensemble des techniques de marketing appliquées au téléphone mobile.
- Vise à informer le consommateur des nouveautés, des promotions, et même à l'inviter à communiquer avec un représentant pour un contact plus personnalisé.
- A débuté par l'envoi de messages textes (SMS).
- Efficace auprès des consommateurs :
  - La publicité mobile serait 4 à 5 fois plus efficace que la publicité en ligne ;
    (Insight Express, 2011)
  - 43 % des consommateurs répondent à une publicité mobile.
    (Source : Luth Research on behalf of the Mobile Marketing Association)

Les avantages partagés du marketing mobile	
Consommateurs	Entreprises
- Prise de décision d'achat plus éclairée ; - Réduction du temps de magasinage ; - Personnalisation ; - Identification de solutions.	- Informations et promotions mieux ciblées ; - Communication directe avec les clients ; - Augmentation du retour sur investissement.

LES MÉDIAS SOCIAUX

> Les médias sociaux facilitent
> la création et l'échange d'information.

🔹 Une dynamique sociale qui s'impose.

🔹 Un Canadien sur deux (49,3 %) utilisait les médias sociaux au début 2012. Cette proportion est nettement plus élevée chez les jeunes qui intègrent les médias sociaux à presque toutes leurs activités.
(Source : emarketer.com, *Canada's Social Scene : More Sophisticated Marketing Meets a Growing Audience*, avril 2012 et sciencepresse.qc.ca, Les consommateurs 2.0, 13 mars 2012)

🔹 Dominance de *Facebook* (site officiel, décembre 2011) :
- Au début 2012, *Facebook* attirait 95 % des utilisateurs de médias sociaux. (Source : emarketer.com, avril 2012) ;
- Plus de 850 millions d'utilisateurs dans le monde ;
- Plus de la moitié d'entre eux s'y rendent chaque jour ;
- Les membres ont en moyenne 150 amis ;
- 47 % des membres y ont accès grâce à leur appareil mobile ;
- Un membre est inscrit en moyenne à 80 pages communautaires (*community pages*), groupes ou événements ;
- Une visite dure environ 20 minutes.

🔹 *Twitter* (site officiel, décembre 2011) :
- Plus de 105 millions d'utilisateurs dans le monde ;
- 37 % des membres y ont accès via leur appareil mobile ;
- 55 millions de *tweets* en moyenne par jour.

🔹 Nombre d'heures passées sur les médias sociaux par les Canadiens :
- Moyenne par semaine = 7,2 heures. Femmes = 8,8 heures, Hommes = 6,5 heures ;
- Cette moyenne s'élève à 10,8 heures chez les 18-24 ans. (Source : emarketer.com, *Canada's Social Scene : More Sophisticated Marketing Meets a Growing Audience*, avril 2012)

🔹 Le groupe des femmes âgées entre 35 et 54 ans est le groupe le plus actif sur les réseaux sociaux via leur téléphone intelligent.
(Source : http://marketing-mobile.ca, Nielsen, 2010)

LES CONSOMMATEUR ET
L'UTILISATION DES MÉDIAS SOCIAUX

⬡ Les résultats[*] de sondages réalisés par *NETendances* du *CEFRIO* et par le *CMO Council* indiquent que :

- Les internautes aiment avoir une relation privilégiée avec une marque qu'ils aiment.

- Environ un tiers des Québécois branchés sur les médias sociaux suivaient activement une compagnie au début de 2012.
  (Source : sciencepresse.qc.ca, Les consommateurs 2.0, 13 mars 2012)

- Les consommateurs apprécient être reconnus et avoir une certaine exclusivité lorsqu'ils suivent activement une marque sur les médias sociaux.

- Ils acceptent d'être contactés mais ils s'attendent à ce que le message soit pertinent, opportun et qu'il leur apporte une valeur ajoutée.

- La plupart des consommateurs affirment suivre une marque sur les médias sociaux pour connaître les nouveautés, pour profiter des offres spéciales et des concours.

- Plusieurs consommateurs se branchent aux médias sociaux pour partager une expérience de consommation positive. Ils deviennent de véritables ambassadeurs de la marque et des agents de diffusion.

- La plupart des consommateurs ont des attentes élevées lorsqu'ils se connectent à des médias sociaux de marque. Ils s'attendent à obtenir une réponse à l'intérieur de 24 heures, voire immédiate.

[*]Source : newmediaandmarketing.com, *Social Brand Experience*, décembre 2011 et sciencepresse.qc.ca, Les consommateurs 2.0, 13 mars 2012

> L'utilisation de médias sociaux devient incontournable pour les commerçants. Ils ont une influence positive sur la notoriété de la marque ou de l'enseigne, les intentions d'achat et la fidélisation de la clientèle.

<table><tr><td>**MÉDIAS SOCIAUX ET
COMMUNAUTÉS DE MARQUE**</td></tr></table>

La création de communautés de marque ou d'enseigne est facilitée par la popularité des réseaux sociaux. Ces communautés offrent de nombreux avantages parmi lesquels on peut noter :

🔹 La création d'un vaste réseau autour d'une marque/enseigne ;

🔹 L'intérêt de consommateurs qui alimentent la marque ;

🔹 La communication personnalisée entre l'entreprise et les consommateurs.

L'EXEMPLE DE *IGA* :
LE GROUPE *FACEBOOK*

🔹 Le groupe *Facebook* créé par *IGA* : « Vive la bouffe » est un espace de discussions et d'échanges créé par les marchands IGA du Québec.

🔹 Décembre 2011 : plus de 73 000 membres.

<table><tr><td>**LE TÉLÉPHONE
INTELLIGENT**</td></tr></table>

🔹 Une nouvelle réalité :
  - Plus de 6 Canadiens sur 10 possédaient un téléphone mobile en 2012. Parmi eux, près de la moitié détenait un téléphone intelligent. Cette proportion devrait atteindre 75 % en 2016 ;
  - 61 % des Québécois et des Canadiens âgés entre 18 et 34 ans possédaient un téléphone intelligent en 2011 ;
  - 24 % des Québécois et 34 % des Canadiens âgés entre 35 et 65 ans possédaient un téléphone intelligent en 2011.

Source : eMarketer.com, *Mobile phone user penetration worldwide, by region or country, 2010-2016, avril 2012. Demographic profile of smartphone owners in Quebec and the rest of Canada*

🔹 Lieux où le téléphone intelligent est utilisé :
  - 56 % à la maison ;
  - 42 % à divers endroits publics (parc, écoles, restaurants) ;
  - 42 % au travail ;
  - 37 % en voyage ;
  - 36 % en magasin.

Source : comScore inc, *Custom Mobile Advisor survey* tel que cité dans le communiqué de presse, 5 décembre 2011

LES CODES QR

🔹 Les codes QR permettent de fournir de l'information aux consommateurs au moment désiré.

Code QR　　　　*Lecture par le cellulaire*　　　*Information, rabais, coupons, publicité*

🔹 Le code QR est une valeur ajoutée. Les détaillants doivent être vigilants dans l'utilisation des codes QR en s'assurant d'offrir des bénéfices à leurs clients, et non seulement de les référer à leur site Internet, ce qui aurait comme conséquence entre autres de perdre l'intérêt des consommateurs envers l'utilisation de ces technologies.

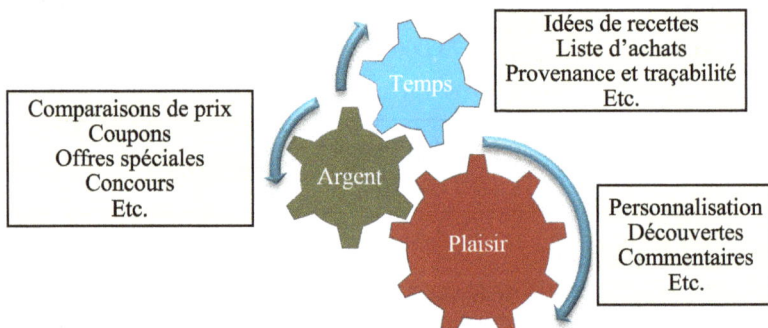

Idées de recettes
Liste d'achats
Provenance et traçabilité
Etc.

Temps

Comparaisons de prix
Coupons
Offres spéciales
Concours
Etc.

Argent

Plaisir

Personnalisation
Découvertes
Commentaires
Etc.

MAGASINAGE ET MOBILITÉ

La mobilité influence différentes étapes du processus d'achat.

🔹 Facilité de comparaison des prix des différents détaillants.
🔹 Échange d'information et demande d'opinion sur un produit ou une offre en magasin.
🔹 Accès à des promotions et à des rabais en ligne sur les lieux d'achats (par exemple via les sites de coupons électroniques).
🔹 En 2012, 25 % des détaillants américains rendront Internet accessible gratuitement à leurs clients grâce à un service sans-fil (*Wi-Fi*).
🔹 Diverses applications offertes par les détaillants de géolocalisation, de listes d'achat et de paiement.
🔹 D'ici 2014 : 8 % des ventes totales provenant du commerce électronique seront réalisées via un téléphone intelligent.

Source : ABI Research, 2011 par eMarketer, *US Mobile Commerce Forecast*, emarketer.com, janvier 2012

🔹 Dans un contexte de forte concurrence, le service à la clientèle (SAC) devient une variable stratégique qui influence la satisfaction et la fidélité des clients.

LE SERVICE À LA CLIENTÈLE :

Reflète le positionnement du détaillant.
Le niveau de service doit :

- Être cohérent avec la mission, la vision et les valeurs de l'entreprise ;
- Tenir compte des attentes des consommateurs (satisfaction) ;
- Être constant ;
- Être contrôlé et mesuré.

Nécessite :

- L'engagement de la direction ;
- Une formation récurrente ;
- Un support de la part du gérant.

🔹 Le service à la clientèle englobe tous les points de contact et toutes les étapes du processus de magasinage.

Points de contacts	Étapes du processus
Internet Téléphone Magasin	Avant Pendant Après

Source : Fabien, Louis. *Marketing de services : maximisez l'expérience de vos clients*. Louis Fabien, éditeur. 2009. 200 pages

LE SERVICE VU
PAR LE CLIENT

> Le client cherche à optimiser
> son expérience de magasinage.

Avant	◘ La recherche d'informations à distance sur les produits et services offerts.
Pendant	◘ La visite en magasin : de l'arrivée à la transaction finale.
Après	◘ L'accès aux services après-vente.

LA RECHERCHE
D'INFORMATIONS

◘ Les nouvelles technologies facilitent la recherche d'informations :

- Navigation sur le site Internet de l'entreprise ;
- Téléphone intelligent ;
- Sites Internet des concurrents ;
- Consultation des commentaires sur les réseaux sociaux ;
- Saisie de codes QR.

◘ Le site Internet est une source d'informations incontournable :
- Coordonnées des points de vente, heures d'ouverture et accès ;
- Assortiment de produits et services, prix ;
- Disponibilité en magasin des produits ;
- Service-conseil et description des services après-vente.

◘ Les nouvelles technologies élèvent les attentes et les exigences des clients qui s'attendent à une réponse rapide. Cela exige de la part de l'entreprise :

- La formation du personnel de contact dans le processus de réponses aux demandes des clients qui proviennent des divers supports de communication : Internet, courriel, téléphone ;
- La mise en place des équipements requis pour gérer rapidement et efficacement tous les contacts clients.

LA VISITE
EN MAGASIN

L'ARRIVÉE AU MAGASIN

- Le magasin doit être facilement repérable :
  - Visibilité de l'enseigne et de l'adresse civique.
- Des équipements et des aménagements spéciaux adaptés aux personnes à mobilité réduite sont requis : ascenseur, escalier mobile, chaises roulantes, rampes d'accès, aires de repos.

SÉCURISER LE CLIENT À SON ARRIVÉE

- Un espace à l'entrée dégagé permet au client de mieux se repérer.
- Une signalétique adéquate facilite le repérage en magasin :
  - Le personnel à l'accueil ;
  - Les catégories de produits recherchées ;
  - Les services connexes (ex. réparation) ;
  - Le personnel à l'information et les conseillers.
- Des équipements et des technologies accessibles et fonctionnels.

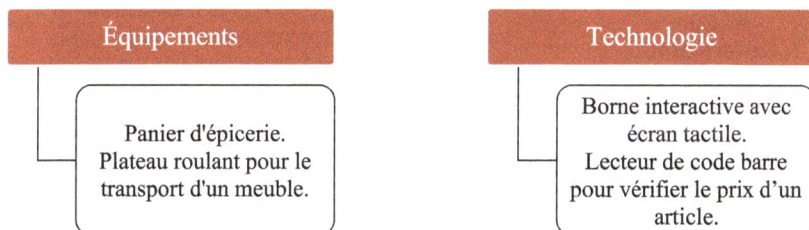

Équipements	Technologie
Panier d'épicerie. Plateau roulant pour le transport d'un meuble.	Borne interactive avec écran tactile. Lecteur de code barre pour vérifier le prix d'un article.

L'AMBIANCE DE SERVICE EN MAGASIN

- L'environnement physique du point de vente doit être conçu pour maximiser le confort des clients et du personnel qui répond à la clientèle toute la journée.
- Plusieurs éléments de l'environnement définissent l'ambiance de service :
  - L'aménagement des présentoirs de produits ;
  - La convivialité du parcours client ;
  - La superficie de l'espace réservé aux clients et au personnel de service ;
  - Les aires de repos, l'accès aux toilettes ;
  - Les stimuli d'ambiance :
    - Le jeu des couleurs, les matériaux, la tenue du personnel,
    - La musique, les odeurs, l'éclairage,
    - L'élimination des bruits et des odeurs non désirés.

LES SERVICES ESSENTIELS

> Le SAC ne se limite pas à l'accueil
> et à la disponibilité du personnel-conseil.

Transaction	▫ Prévoir une étape de vérification des items achetés, surtout pour les petits articles et les items fragiles.
Facturation	▫ Permettre au client de vérifier l'exactitude de la facture à l'écran de la caisse ou sous forme papier.
Paiement	▫ Offrir la possibilité de paiements différés ou d'autres modes de financement pour les achats de biens durables.
Fin de l'interaction	▫ Personnaliser le dernier contact ; ▫ Ex. chez *Simons* : Une fois la transaction terminée et le paiement accepté, les préposés à la caisse emballent la marchandise, contournent le comptoir et remettent les sacs au client.

VISITE EN MAGASIN ET BIEN-ÊTRE DU CLIENT

> Différents services complémentaires peuvent conforter
> le client durant son expérience de magasinage.

Conseils spécialisés	▫ Les services d'un designer qui se déplace sans frais chez le client offert par un détaillant en peinture.
Hospitalité	▫ Une salle d'attente avec fauteuils, télévision, accès Internet, jouets et café chez un concessionnaire ; ▫ Une table à langer dans la salle des toilettes.
Sécurité	▫ Un stationnement sous surveillance, un vestiaire gardé, un préposé au transport des objets lourds à la voiture du client, la location d'une visière de sécurité pour la coupe de matériaux de construction.

LE SERVICE
APRÈS-VENTE

Le service après-vente
influence la satisfaction du client.

◘ Pour certains biens durables, le transport, la livraison au moment qui convient au client et l'installation du produit dans un délai rapide.

◘ Le client apprécie qu'on lui confirme l'heure d'arrivée du préposé à la livraison ou à l'installation.

◘ Appelez le client pour vérifier la qualité des services rendus : Par exemple : « Avez-vous bien reçu votre divan? Le store vertical fonctionne-t-il correctement? »

SOLUTIONNER LES PROBLÈMES RAPIDEMENT

◘ En cas de problèmes, un employé qualifié doit être disponible pour évaluer et solutionner rapidement le problème du client : erreur de livraison, produits endommagés, installation inadéquate.

◘ Offrir au client un dédommagement qui saura compenser pour les désagréments subis : temps d'attente, déplacements multiples.

ÉVALUATION
DE L'EXPÉRIENCE CLIENT

L'EXPÉRIMÈTRE

Élaboré par un groupe d'experts, l'expérimètre est un outil permettant d'évaluer 14 dimensions de l'expérience client.

◘ Ses avantages :

- Basé sur l'observation des comportements des clients et des employés ;
- Couvre toutes les étapes du processus de magasinage : avant, pendant et après ;
- Permet au gestionnaire d'identifier les points forts et les points faibles de l'expérience vécue par ses clients ;
- Permet d'apporter des améliorations très ciblées.

L'expérimètre

AVANT

Recherche d'informations par le client

- Au point de service
- Téléphone, courriel, télécopieur ou lettre
- Site Internet de l'entreprise, application mobile, réseaux sociaux
- Sites Internet de références

PENDANT

Prestation de service

Types de services
- Principal
- Complémentaires
- Périphériques

- Ambiance
- Accessibilité
- Processus de service
- Personnel
- Tarification
- Technologies et équipements

APRÈS

L'après-service

- Suivi de l'expérience client
- Contacts-clients
- Réaction aux interactions manquées
- Politique de dédommagement

Source : www.louisfabien.com

LE TABLEAU DE BORD

Il y a 14 dimensions qui mesurent les composantes de l'expérience client. Les scores sur ces 14 dimensions permettent de diagnostiquer les points forts et les points faibles de l'expérience client et d'identifier les actions prioritaires.

D'un coup d'œil, découvrez les éléments de votre prestation de service qui méritent une attention particulière et vos succès.		Votre résultat global		64 %
Module	Composantes de l'expérience client	Insatisfait	Bien	Très bien	Wow!
		1	2	3	4
Recherche d'informations par le client					
1	Recherche d'informations au point de service			☺	
2	Recherche d'informations sur le site Internet de l'entreprise et réseaux sociaux		😐		
3	Recherche d'informations au moyen du téléphone, courriel, télécopieur ou lettre				☺
4	Recherche d'information via les sites Internet de référence	☹			
Prestation de service					
5	Accessibilité de vos services		😐		
6	Évaluation de l'ambiance de service		😐		
7	Évaluation du personnel au service du client			☺	
8	Évaluation des technologies et équipements de service			☺	
9	Évaluation de votre politique de tarification			☺	
10	Évaluation de vos processus de service				☺
L'après-service					
11	Évaluation des contacts clients après la prestation de service			☺	
12	Évaluation du suivi de l'expérience client (*monitoring*)		😐		
13	Réaction aux interactions manquées	☹			
14	Politique de dédommagement (rétention)	☹			
Commentaires :					

QUESTIONS À SE POSER
◘ Quels sont vos objectifs de communication?
◘ Quel est votre positionnement et celui de vos principaux concurrents?
◘ Quels sont les aspects de l'offre commerciale qui vous distinguent de vos concurrents?
◘ Votre publicité communique-t-elle bien l'image de votre enseigne?
◘ Tous vos employés connaissent-ils bien votre mission et vos valeurs?
◘ Y a-t-il une cohérence entre les différents éléments de votre plan de communication?
◘ Comment communiquez-vous votre implication sociale auprès de vos différents publics?
◘ Connaissez-vous les sources d'informations privilégiées par vos clients?
◘ Êtes-vous suffisamment informés du potentiel qu'offrent les nouvelles technologies dans l'acquisition de nouvelle clientèle et dans la personnalisation du contact avec vos clients?
◘ Avez-vous une page *Facebook* et savez-vous comment utiliser cette page pour capter l'intérêt de vos clients actuels et en attirer de nouveaux?
◘ Utilisez-vous les réseaux sociaux à leur plein potentiel pour communiquer directement avec vos clients?
◘ Êtes-vous vraiment à l'écoute de vos clients?
◘ De quelles façons pourriez-vous améliorer vos services essentiels? Est-ce en misant sur le bien-être de vos clients et de vos employés en magasin?
◘ En cas de problème avec un client, après la transaction, avez-vous du personnel formé pour régler efficacement et rapidement le problème du client (au téléphone, en magasin, par courriel)?
◘ Quel(s) type(s) de dédommagement pourriez-vous offrir pour fidéliser votre client déçu?

NOTES

NOTES

MODULE 9

LE PRIX

Plusieurs variables influencent le prix que les consommateurs acceptent de payer pour acquérir un bien ou un service. Ce module présente ces variables et décrit le processus de détermination des prix. Une bonne compréhension de l'influence de ces variables contribue à fixer des prix plus justes pour le consommateur et pour le commerçant.

LE PRIX

OBJECTIFS DU MODULE

⬙ Connaître les variables qui affectent la stratégie de prix.

⬙ Comprendre le processus de détermination des prix.

⬙ Saisir le lien entre la politique de prix et l'approche promotionnelle.

CONNAISSANCES

⬙ Le rôle du prix
⬙ Les stratégies de prix
⬙ L'image du prix
⬙ Les politiques de prix
⬙ Le calcul des prix
⬙ Le calcul des marges
⬙ Les démarques
⬙ Le juste prix

SECTION 9.1
LE RÔLE DU PRIX

Le prix est une variable importante tant pour les consommateurs que pour les détaillants et les producteurs. Non seulement il influence le choix des consommateurs, mais il a un impact direct sur les niveaux de rentabilité des producteurs et des détaillants.

Pour le consommateur	La valeur d'échange pour acquérir un bien. Un critère d'achat et de sélection. Détermine la combinaison des biens et des services accessibles selon sa contrainte budgétaire.

Pour le producteur	Supporte le positionnement du produit. Un élément d'information fourni aux consommateurs qui reflète la qualité du produit. Peut être un critère de choix et de fidélisation de la clientèle. Affecte les ventes et les profits. Reflète les coûts de production.

Pour le détaillant	Un élément d'information fourni aux consommateurs qui reflète le positionnement de l'enseigne. Pouvoir d'attraction et de fidélisation des consommateurs. Influence les ventes et les profits. Reflète les coûts de l'offre de service.

SECTION 9.2
L'ATTRAIT DU PRIX

Le prix peut représenter le critère principal dans le choix d'un produit ou dans la sélection d'un point de vente. Cependant, cela n'est pas toujours le cas. Différents facteurs influencent l'importance du prix comme critère d'achat.

Le type d'achat	◘ Le type d'achat détermine l'ampleur de la recherche d'informations sur les caractéristiques du produit et des prix avant le choix final. ◘ En général, les consommateurs vont davantage comparer les produits et les prix lorsqu'il s'agit d'achat de biens durables (voitures ou appareils électroménagers) ou semi-durables (appareils électroniques) que lorsqu'ils magasinent des biens courants (épicerie).
Motif et contexte de consommation	◘ La qualité du produit et le prix que le consommateur accepte de payer peuvent varier selon les contextes de consommation. ◘ Par exemple, le budget consacré à l'achat d'un article offert en cadeau pourra être plus élevé que celui accordé à l'achat du même article pour consommation régulière.
La facilité à accéder à l'information et à comparer les offres	◘ L'accessibilité grandissante de l'information facilite le processus de comparaison des prix pour le consommateur. ◘ Il existe différentes sources de comparaison : en magasin, en ligne, dans la presse écrite ou électronique.
Les cycles économiques	◘ Le contexte économique influence la sensibilité aux prix des consommateurs. ◘ En période de ralentissement économique, les consommateurs sont plus prudents, plus sensibles au prix (voir module 2).
Les caractéristiques du consommateur	◘ Les caractéristiques du consommateur déterminent sa capacité à payer et ses préférences. ◘ Par exemple, un ménage composé de deux adultes et de deux adolescents va devoir répartir différemment son budget alloué à l'éducation et à l'alimentation comparativement à un couple sans enfant.
La valeur perçue	◘ La volonté de payer du consommateur est influencée par sa perception de la valeur du produit ou de l'offre de service offerte par l'enseigne. ◘ C'est pourquoi le prix doit être cohérent aux autres variables du marketing mix pour dégager une image claire et accessible aux consommateurs.

SECTION 9.3
STRATÉGIE ET POLITIQUE DE PRIX

Le prix est une variable stratégique qui répond à des objectifs de rentabilité et à des contraintes de coûts. Par ailleurs, les décisions relatives aux prix s'inscrivent dans la dynamique de marché. C'est pourquoi la stratégie de prix doit offrir une certaine flexibilité afin de permettre à l'entreprise de s'ajuster aux conditions changeantes du marché. Les prix doivent aussi refléter le positionnement de l'enseigne et être cohérents aux autres variables du mix de détail.

Stratégie de prix

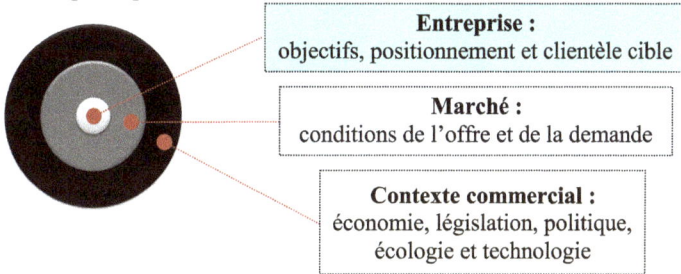

Entreprise :
objectifs, positionnement et clientèle cible

Marché :
conditions de l'offre et de la demande

Contexte commercial :
économie, législation, politique, écologie et technologie

**FACTEURS D'INFLUENCE
DE LA STRATÉGIE DE PRIX**

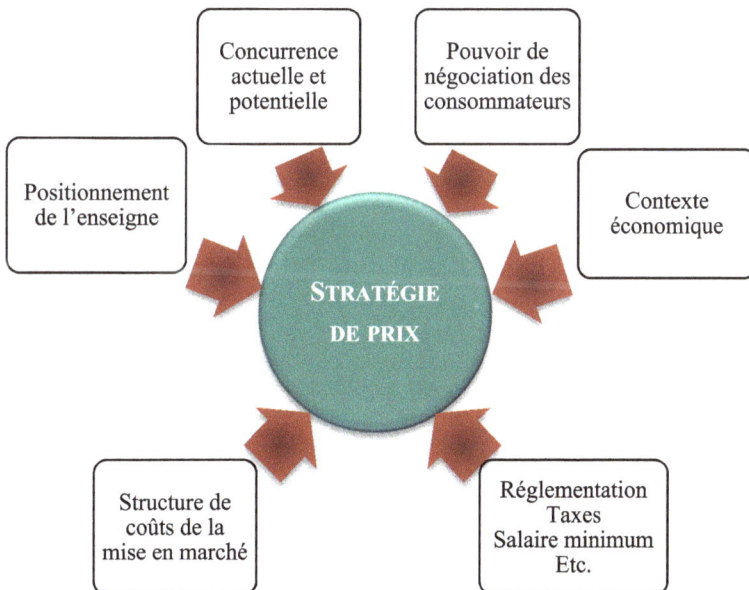

Concurrence actuelle et potentielle

Pouvoir de négociation des consommateurs

Positionnement de l'enseigne

Contexte économique

**STRATÉGIE
DE PRIX**

Structure de coûts de la mise en marché

Réglementation
Taxes
Salaire minimum
Etc.

SECTION 9.4
STRATÉGIE ET IMAGE DE PRIX

La stratégie de prix repose sur des objectifs de ventes et de marges par magasin et par catégorie.

ACTIONS PLANIFIÉES → **STRATÉGIE DE PRIX** ← **ACTIONS DE RÉACTION**

CATÉGORIES DE PRODUITS :
- Rôle des catégories
- Inventaires
- Rôle de la marque maison

Il y a synergie entre les stratégies de prix, de communication et d'approvisionnement. Les prix doivent être communiqués autant à l'interne qu'à l'externe et l'assortiment de produits doit prévoir les rabais anticipés en début de période.

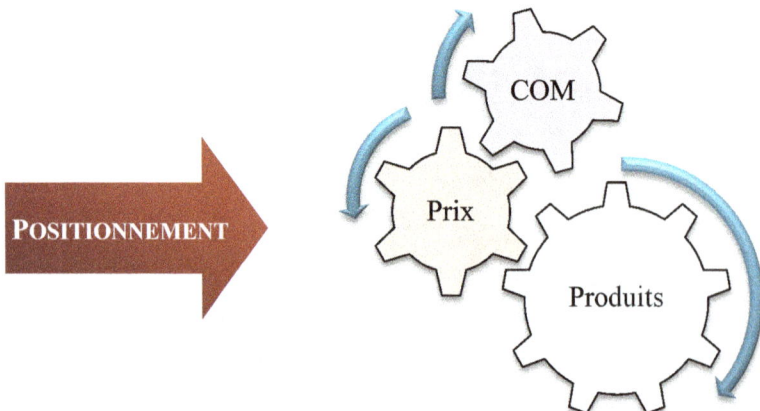

POSITIONNEMENT → COM / Prix / Produits

IMAGE DE PRIX
ET EFFET DE HALO

L'effet de halo est un biais cognitif qui altère la perception des individus. Ce mécanisme peut affecter la perception que les consommateurs ont des prix de l'enseigne. Ainsi, en rappelant continuellement l'offre de bas prix dans sa publicité (aspect cognitif), le détaillant peut influencer la perception des consommateurs et les amener à associer une image de bas prix à l'enseigne.

❏ Pour être crédible, cette approche doit être validée par des prix très concurrentiels sur des items à forte demande et avoir un aménagement qui reflète une image de bas prix.

Réno Dépôt dans le secteur de la quincaillerie, *Walmart*, *Maxi* et *Super C* dans le secteur de l'alimentation ont opté pour cette approche.

LE PRIX :
AUSSI UNE QUESTION DE PERCEPTION

Il est quasi impossible pour les consommateurs de connaître les prix de tous les items en magasin. Le nombre de produits est trop grand.

Par conséquent, le prix le plus bas n'aura pas toujours préséance. Certains consommateurs peuvent opter pour une enseigne qui selon eux offre le meilleur rapport qualité-prix. La question pour les détaillants est de savoir comment les consommateurs perçoivent leurs prix en général. Celle-ci dépend de :

❏ L'accessibilité de l'information pour les consommateurs sur les prix de l'entreprise et ceux des concurrents :
- Internet, journaux, radio, télévision, etc.

❏ L'exécution en magasin :
- Matériel promotionnel, marchandisage, assortiment de produits, atmosphère, etc.

IMAGE DE PRIX
ET MOBILITÉ

◘ La technologie facilite la recherche d'informations sur les prix des consommateurs. Ces informations sont maintenant accessibles sur les sites web :
- Des entreprises ;
- De coupons électroniques ;
- De certains réseaux sociaux ;
- Via les téléphones intelligents.

◘ Cette abondance d'informations génère une concurrence plus forte sur les prix.

◘ La mobilité offre une plus grande flexibilité aux détaillants en leur permettant de réagir plus rapidement aux actions de la concurrence via leur site web ou à travers les réseaux sociaux.

POLITIQUE
DE PRIX

◘ Il existe différentes politiques de prix :
- Au-dessus ou en dessous du marché ;
- BBJJ : bas prix jour après jour sans réduction temporaire (ou EDLP : *everyday low price*) ;
- Hi-Lo : prix réguliers associés à des réductions sur plusieurs items.

◘ Chacune d'elles reflète des stratégies d'attraction et des stratégies promotionnelles distinctes. La question est de savoir quel est le volume vendu à prix régulier.

BBJJ (Bas prix jour après jour sans réduction temporaire)	Hi-Lo (Prix réguliers associés à des réductions temporaires sur plusieurs items)
▫ Le prix est la variable clé du positionnement. ▫ Peu de rabais temporaires sur les prix. Toutefois, le degré de compétition dans le marché peut inciter les enseignes qui optent pour cette stratégie à accroître la fréquence et le nombre de leurs réductions. ▫ C'est souvent le prix du produit vedette de la catégorie qui est significativement inférieur à celui des magasins concurrents, le prix des autres produits étant comparable. Les enseignes qui optent pour cette stratégie de prix visent à offrir aux consommateurs une facture totale inférieure à celles des concurrents. ▫ Les grandes surfaces spécialisées et les grands magasins à escomptes optent pour cette politique de prix. Prix inférieurs ou semblables à ceux des concurrents. ▫ Exige une structure de coûts faibles. ▫ Nécessite une gestion serrée des stocks, des coûts et des frais d'exploitation. ▫ *Walmart, Super C, Réno Dépôt, Bureau en gros.*	▫ Le prix reflète l'offre de service en magasin : variété, qualité, service-conseil et atmosphère. ▫ Des rabais temporaires sont offerts sur une base régulière, voire hebdomadaire, en circulaire. ▫ Ces réductions de prix attirent les consommateurs sensibles aux prix et créent un achalandage additionnel en magasin. ▫ Les magasins d'alimentation et les pharmacies escompte privilégient cette approche. ▫ Risque : les consommateurs n'achètent que les rabais ou attendent les rabais pour faire leurs achats. Le prix promotionnel devient alors le prix de référence. Cela peut entraîner un déplacement des ventes sans créer de réelle augmentation et/ou une diminution des marges. ▫ *Jean Coutu, IGA.*
Importance de créer une image de bas prix.	*Importance de l'attrait des produits en réduction temporaire.*

BAS PRIX
GARANTIS

MODÈLES FINANCIERS

Ces deux stratégies comportent des modèles financiers différents (les pourcentages des ventes et des marges sont fictifs) :

LA POLITIQUE
BPJJ

	% Ventes	Marge brute	CAM*
Prix régulier	80 %	22 %	0,176
Rabais long terme	8 %	15 %	0,012
Spéciaux	7 %	-5 %	-0,0035
Marge totale			0,185

LA POLITIQUE
HI-LO

	% Ventes	Marge brute	CAM*
Prix régulier	60 %	28 %	0,168
Rabais long terme	15 %	20 %	0,03
Spéciaux	25 %	2 %	0,005
Marge totale			0,203

* Contribution à la marge

CHOIX DE LA POLITIQUE DE PRIX

Le choix de la politique de prix dépend de la valeur ajoutée que le détaillant offre aux consommateurs.

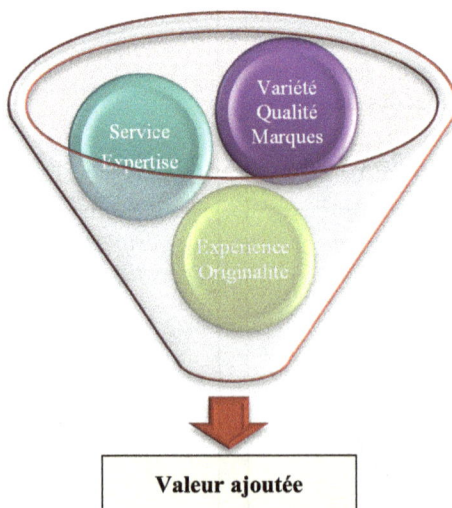

Variété
Qualité
Marques

Service
Expertise

Expérience
Originalité

Valeur ajoutée

SECTION 9.5
DÉTERMINATION DES PRIX

La fixation des prix doit tenir compte des
considérations marketing et financières.

Marketing	Finance
Les prix doivent : • Supporter le positionnement; • Être cohérents avec les autres éléments du mix de détail ; • Être conformes aux attentes des segments ciblés; • Refléter le niveau de service.	• Suivre les objectifs de marges et de rentabilité; • Les niveaux de prix ont un impact direct sur les ventes, sur la marge nette et sur la rotation des stocks.

Le prix initial doit être suffisamment élevé pour couvrir le coût
des marchandises, les réductions, les frais d'exploitationet
permettre de réaliser les objectifs de profit.

Ventes	Quantité × prix
Moins les coûts de la marchandise vendue (CMV)	Quantité × Prix coûtant
Marge initiale	Prix de vente − CMV
Moins les réductions	Démarques Remises aux employés Bris et vols
Plus les escomptes fournisseurs	Escomptes de paiement Rabais volume, etc.
Marge maintenue	
Moins les frais d'opération	Frais de vente Frais d'occupation Frais d'administration Frais financiers Amortissement
Marge nette	

MÉTHODES
DE DÉTERMINATION DES PRIX

PRIX BASÉ SUR LE PRIX COÛTANT	
Prix coûtant + % majoration = Prix vendant (X)	10,00 $ Marge brute désirée = 24 % ?
Exemple	
Prix vendant = 13,16 $	X = 10,00 $ + 0,24(X) X − 0,24(X) = 10,00 $ X(1− 0,24) = 10,00 $ X = 10,00 $/0,76 = 13,16 $

- o Avantages : méthode simple, résultat connu.
- o Inconvénient : variation des coûtants en fonction du volume.

PRIX BASÉ SUR LA THÉORIE DE LA DEMANDE

Élasticité de la demande : la quantité demandée par les consommateurs varie en fonction des fluctuations de prix et de revenu :
  ❏ Prix : élasticité prix
  ❏ Revenu : élasticité revenu

- o Avantage : maximisation des profits. - o Inconvénient : difficile à mettre en application, car cette méthode implique une modélisation des données sur l'évolution des volumes de ventes selon les niveaux de prix.

EXEMPLES D'ÉLASTICITÉ PRIX

Lorsque la demande est élastique, la quantité demandée varie selon le prix. Ainsi, dans le cas d'une demande dont l'élasticité prix est forte, le détaillant a avantage à fixer un prix plus faible pour maximiser ses ventes. À l'opposé, lorsque les consommateurs sont moins sensibles au prix, la quantité demandée varie peu selon les variations de prix, et le détaillant a avantage à fixer un prix plus élevé.

Élasticité prix forte

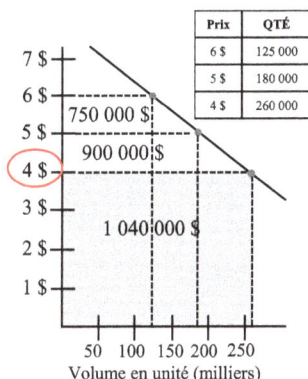

Prix	QTÉ
6 $	125 000
5 $	180 000
4 $	260 000

750 000 $
900 000 $
1 040 000 $

Volume en unité (milliers)

Élasticité prix faible

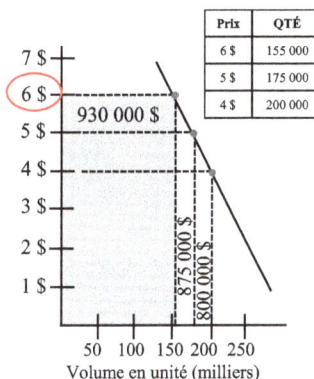

Prix	QTÉ
6 $	155 000
5 $	175 000
4 $	200 000

930 000 $
875 000 $
800 000 $

Volume en unité (milliers)

PRIX BASÉ SUR LA VALEUR PERÇUE DU CLIENT
❏ Le prix demandé répond aux perceptions et à la volonté de payer des consommateurs identifiées à l'aide d'une recherche commerciale.   ▪ Reflète la valeur perçue, le positionnement et la segmentation. ❏ Lancement d'un nouveau produit : écrémage (prix élevé = qualité, rareté) ou pénétration (prix bas = part de marché et volume).
o   Avantage : considère le point de vue du client. o   Inconvénient : les perceptions déclarées des clients ne sont pas toujours conformes à leurs comportements.

PRIX BASÉ SUR LA CONCURRENCE

❏ Le prix varie selon le degré de compétitivité sur le marché.
❏ Fixé en fonction du positionnement :
    ▪ En dessous du marché : nécessite des frais d'exploitation inférieurs à ceux des concurrents (ex. : *Dollarama*) ;
    ▪ Au-dessus du marché : exige un avantage concurrentiel distinct tel le service ou la qualité (ex. : *Holt Renfrew*) ;
    ▪ Comparable à celui du concurrent principal (ex. : *Jean Coutu* et *Pharmaprix*).

o   Avantage : méthode simple.

SECTION 9.6
DÉTERMINATION DES MARGES

> Le calcul de la marge bénéficiaire peut se faire à partir
> du prix de vente ou du prix coûtant.

- ☐ La méthode basée sur le prix de vente est la plus courante.
- ☐ La marge calculée à partir du prix coûtant est toujours plus élevée que celle calculée à partir du prix de vente.
- ☐ Les détaillants ne vendent pas toute leur marchandise au prix initial. Différentes marges doivent donc être calculées.

CALCUL DE LA MARGE BÉNÉFICIAIRE À PARTIR DU PRIX DE VENTE

$$\frac{\text{Marge bénéficiaire \$}}{\text{Prix de détail \$}} = \frac{\text{Prix de détail} - \text{prix coûtant}}{\text{Prix coûtant} + \text{marge}}$$

Prix coûtant = 7,50 \$
Prix de détail = 10,95 \$
Marge = 3,45 \$

$$\frac{\text{Marge bénéficiaire \$}}{\text{Prix de détail \$}} = \frac{3,45\ \$}{10,95\ \$} = 0,315 = 31,5\ \%$$

$$10,95\ \$ \times 0,315 = 3,45\ \$$$

CALCUL DE LA MARGE À PARTIR DU PRIX COÛTANT

$$\frac{\text{Marge bénéficiaire \$}}{\text{Prix coûtant \$}} = \frac{\text{Prix de détail} - \text{prix coûtant}}{\text{Prix de détail} - \text{marge}}$$

Prix coûtant = 7,50 \$
Prix de détail = 10,90 \$
Marge = 3,45 \$

$$\frac{\text{Marge bénéficiaire \$}}{\text{Prix coûtant \$}} = \frac{3,45\ \$}{7,50\ \$} = 0,46 = 46\ \%$$

$$7,50\ \$ \times 0,46 = 3,45\ \$$$

MARGE INITIALE

Marge calculée à partir du prix initial des items : le prix de détail initial équivaut au prix auquel le produit est mis en vente en début de période.

			12 unités	%
	Prix de détail initial	1,00 $	12,00 $	100
–	Prix coûtant	0,55 $	6,60 $	55
=	**Marge initiale**	**0,45 $**	**5,40 $**	**45**

MARGE MAINTENUE

Le calcul de cette marge tient compte des réductions, des remises aux employés et des manquants.

10 unités à 1 $ = 10,00 $
2 unités à 0,59 $ = 1,18 $

	Ventes nettes (prix reçus)	11,18 $	100 %
–	CMV* (période)	6,60 $	59 %
=	**Marge maintenue**	**4,58 $**	**41 %**

* Coût des marchandises vendues

MARGE BRUTE

*Ventes nettes – CMV (ajusté pour les escomptes au comptant (ou de caisse) et les frais de transformation tels les altérations ou les frais de réparation) = **Marge brute***

**Exemple
Produit : pantalon**

- Quantité vendue : 100
- Prix initial : 150 $
- Prix coûtant : 90 $
- Altération : 6 $/unité (non chargée au client)
- Escompte au comptant de 2 %
- Frais de manutention : 2,10 $ par pantalon

Quantité : 100 pantalons			
Prix initial	150 $	15 000 $	
Prix coûtant (CMV)	90 $	9 000 $	
Marge initiale	**60 $**	**6 000 $**	1 300 $ de réductions
Ventes			
70 unités à 150 $		10 500 $	
20 unités à 120 $		2 400 $	
10 unités à 80 $		800 $	
Ventes nettes		**13 700 $**	
– CMV		9 000 $	
Marge maintenue		**4 700 $**	
– Frais d'altérations	– 600 $		
– Frais de manutention	– 210 $		
+ 2 % (9 000 $ × 0,02)	+180 $	– 630 $	
Marge brute		**4 070 $**	

OBJECTIFS DE MARGE

◘ La planification des objectifs de marge se fait au niveau de :

- L'ensemble du magasin ;
- Des départements ;
- Des catégories de produits.

DES FACTEURS À CONSIDÉRER	
Externes	Internes
Caractéristiques de la demande • Sensibilité aux prix • Cycle de vie du produit • Niveau des ventes Compétition • Activité promotionnelle • Avantages concurrentiels Politique du fournisseur • Prix suggéré • Pouvoir de négociation	Politique de prix • Hi-Lo – BPJJ/*EDLP* Pouvoir de négociation • Volume de ventes • Part de marché de l'enseigne Structure de coûts Réduction et pertes anticipées • Démarques • Réductions aux employés ; Bris de produits, vols Objectifs de profit

◘ Les objectifs de marge servent d'indicateurs pour mesurer les résultats de l'effort marketing et l'efficacité opérationnelle.

◘ Plusieurs événements imprévisibles peuvent nuire à l'atteinte de ces objectifs :

- Variation dans les coûts de manutention : transport, augmentation du salaire minimum, etc.
- Température peu favorable à la consommation des produits en inventaire : trop chaud, trop froid, trop de neige, etc.
- Action de la concurrence : promotions agressives, nouveau concurrent, etc.
- Conditions économiques défavorables : ralentissement, augmentation des taux d'intérêt, etc.
- Saisonnalité : conditions affectant la demande.

◘ Il faut donc garder un minimum de flexibilité.

SECTION 9.7
LES DÉMARQUES

| Attirer la clientèle | → | **DEUX MOTIFS** | ← | Écoulement des stocks |

LA FRÉQUENCE DES DÉMARQUES VARIE SELON :

- La politique de prix de l'enseigne :
  - En théorie, les magasins qui ont une politique de prix BPJJ/*EDLP* font peu de démarques. Cependant, l'augmentation de la concurrence et le contexte économique plus instable depuis 2008 ont incité ce type de magasins à offrir des rabais sur une base plus régulière afin de maintenir leur part de marché.

- La catégorie de produit :
  - Les démarques sont plus fréquentes dans le cas des produits de consommation courante.

DES DÉMARQUES TROP FRÉQUENTES PEUVENT ENTRAÎNER UN DÉPLACEMENT DE LA DEMANDE

- Des réductions trop fréquentes incitent les consommateurs à repousser leurs achats de façon à toujours profiter d'un rabais.

- Dans ce cas, les ventes à prix réguliers sont plus faibles et augmentent de façon importante en période de réduction.

- Si les consommateurs n'achètent que les produits en rabais, les marges diminuent.

LES MÉGA-VENTES
(50 % + de rabais, *Boxing Day*, *Black Friday*, etc.)

Avantages	☐ Elles visent à écouler rapidement la marchandise en fin de saison. ☐ Elles ont un grand pouvoir d'attraction.
Inconvénients	☐ Elles peuvent donner l'impression aux consommateurs que les détaillants prennent des marges excessives. ☐ Elles peuvent repousser et concentrer les achats à une date ultérieure.

IMPACT DES RÉDUCTIONS DE PRIX SUR LES VENTES ET SUR LES MARGES

L'IMPACT VARIE SELON L'ÉLASTICITÉ DU PRODUIT

Demande à forte élasticité

☐ Produit d'achat courant.
☐ Lorsque le prix diminue, la demande et les ventes augmentent. Toutefois le coût unitaire étant constant, la marge brute diminue.
☐ Dans l'exemple ci-dessous, le prix de 4 $ peut être avantageux pour le détaillant même si la marge brute est faible, car il permet de générer un achalandage additionnel. C'est le cas d'un produit d'appel qui vise à attirer les clients en magasin. Une fois en magasin, la plupart des clients en profiteront pour acheter d'autres items.

Prix	Quantité vendue	Ventes	Coût unitaire	Coûts	Marge brute
6 $	125 000	750 000 $	3,90 $	487 500 $	**262 500 $**
5 $	180 000	900 000 $	3,90 $	702 000 $	198 000 $
4 $	260 000	**1 040 000 $**	3,90 $	1 014 000 $	26 000 $

Demande à faible élasticité

☐ Produit de spécialité.
☐ Lorsque le prix diminue, la demande augmente légèrement. Les ventes et les marges diminuent.
☐ Dans ce cas, le détaillant n'a pas vraiment avantage à réduire le prix de cet item. La réduction de prix n'a pas de réel pouvoir d'attraction sur la clientèle et occasionne une diminution des revenus peu avantageuse.

Prix	Quantité vendue	Ventes	Coût unitaire	Coûts	Marge brute
6 $	155 000	**930 000 $**	2,70 $	418 500 $	**511 500 $**
5 $	160 000	800 000 $	2,70 $	432 000 $	368 000 $
4 $	170 000	680 000 $	2,70 $	459 000 $	221 000 $

Le prix doit considérer les attentes des consommateurs et respecter la structure de coûts du détaillant. Si le prix est trop agressif, le détaillant réduit sa marge inutilement. À l'inverse, s'il n'est pas suffisamment concurrentiel, il peut perdre des clients.

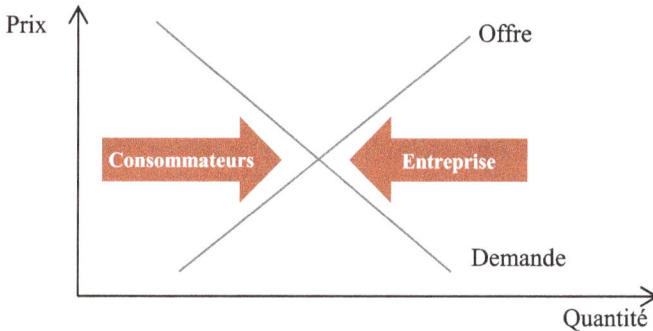

Le prix affecte le niveau des ventes et la rentabilité. Bien comprendre les facteurs qui influencent ces deux variables permet de fixer des prix plus justes pour le consommateur et pour l'entreprise.

Consommateur

Sensibilité des clients au prix
- Utilité du produit et contexte de consommation.
- Valeur ajoutée perçue : qualité, exclusivité.
- Importance des autres critères de sélection : proximité du lieu d'achat, service.
- Concurrence et contexte économique.

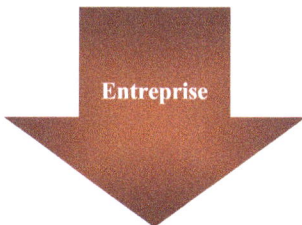

Entreprise

Positionnement de l'entreprise
- Structure de coûts.
- Objectifs de marges.
- Avantages concurrentiels.

QUESTIONS À SE POSER
⬧ Ma politique de prix supporte-t-elle le positionnement de mon enseigne?
⬧ Quelle est la perception du niveau de prix de mon enseigne chez les consommateurs?
⬧ Le rapport qualité/prix est-il cohérent au positionnement et est-il perçu correctement par le consommateur?
⬧ La stratégie de prix permet-elle d'attirer la clientèle et de la fidéliser?
⬧ Est-ce que j'applique une stratégie de prix adaptée aux différents segments de ma clientèle selon leur sensibilité au prix?
⬧ Offrons-nous des réductions à nos clients les plus fidèles?
⬧ Est-ce que je connais les prix de mes principaux concurrents?
⬧ Devrais-je varier mes prix en fonction de la concurrence?
⬧ Mes concurrents imitent-ils toujours mes réductions de prix?
⬧ Est-ce que je peux réagir à une réduction de prix de mes concurrents par une autre tactique qu'une réduction de prix?
⬧ Ai-je des stratégies de réductions de prix difficiles à imiter par mes concurrents?
⬧ Est-ce que les départements ont tous la même stratégie de prix?
⬧ Les prix correspondent-ils au rôle attribué à mes différentes catégories?
⬧ Quel est l'impact des nouvelles technologies sur la sensibilité aux prix de mes clients?
⬧ Quelle est ma politique de retour?
⬧ Ai-je une politique du plus bas prix garanti?
⬧ Est-ce que j'utilise bien la technologie pour communiquer des réductions de prix à ma clientèle?

NOTES

NOTES